全民阅读经典读物臻享系列

顾问／王余光

主编／赵晓　熊静

文字与典籍

阅读引领与视野拓展读本

王余光　著

青海民族出版社

图书在版编目（CIP）数据

文字与典籍 / 王余光著. -- 西宁 : 青海民族出版社，2020.12（2021.6 重印）
（阅读引领与视野拓展读本 / 赵晓，熊静主编）
ISBN 978-7-5420-3696-4

Ⅰ. ①文… Ⅱ. ①王… ①文字—历史—中国—古代②古籍—图书史—中国—古代 Ⅳ. ① H02 ② G256.1

中国版本图书馆 CIP 数据核字（2020）第 257580 号

全民阅读经典读物臻享系列
阅读引领与视野拓展读本

文字与典籍

王余光 著 赵晓 熊静 主编

青海民族出版社 • 中国（青海省西宁市同仁路 10 号 810001）

销售热线 /0971-6123221 **咨询电话** /0971-6138933
E- mail/qhmzcbs@sohu.com **网址** /www.qhmzcbs.com

总 策 划 / 祁正贤 **策 划** / 索南扎西
责任编辑 / 索南扎西 **封面设计** / 王 婧 **责任印制** / 赵荣年

发行 / 青海民族出版社出版发行部
经销 / 新华书店 **印制** / 北京兴星伟业印刷有限公司
开本 / 720mm×1000mm 1/16 **字数** / 160 千
印张 / 14.25 **印数** / 2001-22000
版本 / 2020 年 12 月第 1 版 **印次** / 2021 年 6 月第 2 次印刷

书号： ISBN 978-7-5420-3696-4 **定价：** 36.00 元

《阅读引领与视野拓展读本》编委会

序一

李东来（中国图书馆学会阅读推广委员会会长）

近日，由青海民族出版社推出的《阅读引领与视野拓展读本》即将与读者见面，本书顾问——北京大学王余光教授嘱我为本书作序。我本来的研究兴趣是图书馆管理、公共文化服务等，人文经典阅读并非我的长项，但师兄有命不敢推辞，只能“勉为其难”，略微谈谈我对人文经典阅读的认识，以及中国图书馆学会阅读推广委员会这些年来在经典阅读推广领域所做的工作。

关于经典是什么？一千位读者有一千种答案。自仓颉造字，孔子编述“六经”，尊经崇道的传统便在中国社会代代相传，人们或许不能清楚定义“经典”是什么,但“经典崇拜”深深烙印在每个中国人心中。近代社会以来，中国传统经典遭到了剧烈冲击，曾一度成为被批判的对象。但是，当国家安定下来，物质生活日渐富足之后，人们总会不由自主地去重温经典，感受经典阅读的魅力。而经典阅读在人文素养培育、文化传承方面的重要作用，也在世界范围内得到了广泛认可。

以美国为例，1919 年，哥伦比亚大学率先在本校开设以名著阅读为主要内容的通识课程——“当代文明”。此后，这种模式迅速在美国高校普及，并在 20 世纪 30 至 50 年代演化成一场重要的教育运动，即名著运动(The Great Books Movement)。时至今日，在美国高校中，开设“人文经典”类阅读课程已经成为通识教育、人文素养培育的主要手段。

在我国，以 20 世纪 80 年代上海市总工会组织的“振兴中华读书会”为起点，全民阅读工作正式拉开序幕。经过数十年的发展，社会各界已经充分认识到阅读在提升公民素养、传承中华文明、践行社会主义核心价值观、提升国家软实力方面的重要作用。自 2014 年以来，“全民阅读”“书香社会”连续数年被写入政府工作报告，显示了党和国家对于全民阅读工作的高度重视。在大力弘扬中华优秀传统文化，不断增强文化自信，开拓中华文化输出能力的时代语境下，将经典阅读作为全民阅读工作的重点，是理论与实践界的共识。

多年来，本书顾问王余光先生，一直在各种场合大力呼吁“阅读，与经典同行”（《阅读，与经典同行》）。南京大学徐雁教授，将经典读物比作“温补人类心神的‘十全大补丸’”（《文学好书、经典名著与阅读推广》）。朱永新教授指出，经典阅读能够使人恢复原初的思想能力（《阅读为什么很重要？》）。统编版中小学语文教材主编温儒敏教授则认为，有了经典，人们才更感受到文化的存在与分量，才能更富于智慧（《经典阅读永远不能被取代》）。在这些专家学者的大力呼吁下，我们欣喜地看到，近年来社会阅读风气持续改善，经典阅读率有所提高，通过阅读经典提升人文素养成为一种社会“新风尚”。

自全民阅读文化战略被提出以来，图书馆就是全民阅读工作的主阵地、主力军，一直致力于发挥图书馆的社会教育职能，积极开展各类型阅读推广工作，促进全民阅读文化战略的深入实施。2005 年，中国图书馆学会成立科普与阅读指导委员会，2009 年该委员会更名为阅读推广委员会。2016 年 4 月，第三届中国图书馆学会阅读推广委员会在东莞图书馆成立，下设的专门工作委员会也由第一届时的 5 个，发展到第二届时的 15 个，再增至本届的 21 个[①]。阅读推广委员会成立的

①吴晞：“十年种木长风烟——纪念中国图书馆学会阅读推广委员会成立十周年”，载《高校图书馆工作》2016 年第 1 期。

10余年来，在促进全国图书馆的阅读推广工作、培养阅读推广人才、培育社会阅读环境，以及阅读理论研究等多方面均取得了突出的成绩，举办的“全民阅读论坛”“全国阅读推广高峰论坛”等，已形成品牌效应,对我国阅读推广工作产生了积极的影响。经典阅读与人文素养培育，一直是阅读推广委员会的重点关注领域，首届科普与阅读指导委员会，便设有“图书馆与社会阅读委员会”“推荐书目委员会”等多个相关分支机构，至本届委员会，已形成“家庭”“学校”“社会”“乡村”“社区”等多维度、立体式的经典阅读推广体系。组织相关领域的专家、学者编撰了《阅读推广人系列教材》《中国阅读报告丛书》《阅读推广丛书》《中国基层图书馆基本藏书推荐书目》等阅读推广书系；开展“‘同城共读 万卷共知’知识竞答”“让经典走向大众——《中华传统文化百部经典》推介全国行”“读绘经典——全国图像阅读与创作活动”等系列经典阅读推广活动，以期为全民阅读工作贡献绵薄之力。

阅读，关系民族未来。阅读推广工作，需要全体社会力量的共同参与。作为一名老图书馆员，我感动于东莞读者吴桂春先生对图书馆、对书籍的深厚情感，“书能明理，对人百益无一害的唯书也”。质朴的语言，12年的坚持，已经比任何文字都更加有力地展现了阅读的力量。图书馆是“滋养民族心灵、培育文化自信的重要场所”，是公共文化服务体系的重要一环，作为一名图书馆从业者，在推广阅读，保证每位公民获得均等阅读服务方面责无旁贷。但是，全民阅读是关系国家兴衰的千秋大业，是一项系统工程，同样也需要出版界、学校等各种社会力量的共同参与。

今天，我欣喜地翻开这部由王余光教授科研团队和青海民族出版社共同推出的《阅读引领与视野拓展读本》，这套丛书属于中华传统经典与人文素养普及读物，向读者介绍了藏书与读书、文字与典籍、思想与学术、文学与艺术、建筑与园林、书法与绘画等领域的国学基础知识，用通俗易懂的语言娓娓道来，带领读者走进优秀传统文化的世界，进而激发其深入探索的兴趣。相比东南沿海，经济尚欠发达的广大西部地区，对于高质量人文素养与经典阅读读本的需求更加迫切。青海民族出版社的诸位同仁策划这样一套普及读物，无疑是极具眼光和社会责任感的表现。我也坚信，这套丛书的出版，将在提升读者人文修养、激发爱国热情、树立民族自信等方面发挥重要作用。在此，我要向青海民族出版社的诸位同仁致以敬意，也衷心地希望在促进全民阅读的道路上，各界同道能够勠力同心、共襄盛举，为民族文化传承、公民素养培育贡献更多的力量。

2020 年 8 月

序二

王余光（北京大学教授）

中华民族自古以来就是一个尊先民、重古法的民族。在古代中国，为什么要读经典是一个不需要被讨论的话题。每个典字的甲骨文，上半部分为用绳子编连起来的“册”，下半部分是人的双手，代表恭敬地捧着，对经典的敬畏跃然纸上。可以说，经典崇拜就是中国古代阅读传统的核心，这种传统的积淀与承继，对后世读书人有着重要的影响，读书人在心理上和阅读的价值取向上无不受其支配。

对于古代的读书人来说，书籍是他们生活的重要组成部分，在书籍中，经典又具有极其重要而特殊的地位。在读书人心目中，经典具有力量，经典或阅读经典具有重要的象征性意义。唐代魏征在《隋书·经籍志序》中，对经典的力量与象征意义作了极为精彩的概括：

夫经籍也者，机神之妙旨，圣哲之能事，所以经天地、纬阴阳、正纪纲、弘道德，显仁足以利物，藏用足以独善，学之者将殖焉，不学者将落焉。大业崇之，则成钦明之德，匹夫克念，则有王公之重。其王者之所以树风声、流显号、美教化、移风俗，何莫由乎斯道？

经籍是圣贤智慧的结晶，可以用来领悟宇宙的奥妙，探究天地、阴阳的消息，端正世间的纲纪，弘扬人类的道德。经籍显则可救济世人，经籍藏则可独善其身。读经籍可令人进步，否则就会落后。成大业者能推崇经籍，则将有令人敬重的光明德性；普通人能以经籍为念，则将为世人所重。统治者若要树立政声、显扬德威、敦励教化、移风易俗，哪有不从经籍而来呢？古人认为，经籍既是知识的宝库，也是读书人踏入官场的阶梯；既是提高个人修养的手段，也是治理国家的利器。不论对个人还是国家，经典都有无可替代的价值，那么，围绕着经典的阅读和学习自然成为了古代读书人的首要任务。这在古代家训中表现的最为明显。唐柳宗元《送内弟卢遵游桂州序》说："浸润以《诗》《易》，动摇以文采。"李华《与外孙崔氏二孩书》云："汝等当学读《诗》《礼》《论语》《孝经》，此最为要也！"清人朱柏庐在《劝言》中说："若能兼通六经及性理、《纲目》《大学衍义》诸书，固为上等学者。不然者，亦只是朴朴实实，将《孝经》《小学》、四书本注，置在案头。常自读，教子弟读，即身体而力行之，难道不成就好人？"可见，古人认同的经典，首先是以四书五经及其注本为核心的儒家经典，所谓"勤读圣贤书，尊师如重亲"者。

在美国，习读经典名著，特别是习读传统经典，同样是受人关注的话题。早在20世纪初，哥伦比亚大学就创设了"文学人文"和"当代文明"两门本科生的必修课。前者致力于提供一个欧洲文学名著的标准选目，后者则致力于提供一个哲学和社会理论的名著选目。这两个书目包含大量的西方传统经典。1991年，美国《纽约》杂志电影评论家大卫·丹比在他48岁时，突然回到母校选修"文学人文"与"当代文明"这两门课，重读西方经典。他之所以这样做，主要源于他自身的知识危机。作为媒体人，他说："我拥有信息，但没有知识。"他深感，媒体给予信息，但信息在20世纪90年代已变成了瞬息万变、十分不稳定的东西，网络带给人们信息阅读的同时，反而使人们获取的知识越来越少。因此很多人认为，在今天这个信息社会，并不表明我们拥有的知识更加丰富，我们的知识更多地来自于我们的严肃阅读，这也是我们今天仍然倡导经典阅读的原因。

那么，什么样的作品可以被称为经典？这同样是一个充满争议的话题。经典的内涵随着时代发展而变迁，不同的文化、学科背景对经典的认识也有所不同。一般来说，人们常说的经典，是指那些具有重要影响的、经久不衰的著作，其内容或被大众普遍接受，或在某专业领域具有典范性与权威性。如果不讨论专业经典，仅就一般意义而言，那么经典应当具有三重特性或三要素：

影响力：影响力体现了作品内容的吸引力。那些成为经典的作品，无不在一定区域具有重要影响力，如《周易》《孙子兵法》等。当然，影响力分积极的与消极的，也有长期的与短暂的。那些“影响一时”的作品可称之为名著。而影响力，应当说并不完全出自作品自身，或者说绝对自然发生的影响力是不存在的。我们每个人的阅读都受到很多因素的影响，如政治形态、家庭、个人的素质和兴趣、老师与同学、环境以及广告等等。

时间性：一部作品，或许影响一时，或许在某一特定的时期被人顶礼膜拜，但时过境迁，很快就被人们遗忘或抛弃。经典，需经得起时间的检验，需经久而不衰。也就是说，一切著作，若要成为经典，我想它必须要经得起历史的考验。

广泛性：我所理解的经典（非专业领域的经典），必须是广泛的，即它所讨论的问题是人们所普遍关心的，是大家普遍接受的。比如《诗经》《论语》《史记》《三国演义》等，它们的内容是广泛的。三四千年以来，《诗经》讨论的话题我们今天仍然关心，有不少诗在今天还成为流行歌曲，像邓丽君唱过的《在水一方》等。

我认为，上述三个标准，是判断经典的主要依据。

近年来，随着全民阅读工作的推进，国家也越来越重视对优秀传统文化的弘扬和继承。经典作品是中华文明的精髓，阅读则是延续文明的手段。因此，经典阅读又重新成为了一个热门话题，但是，相关调查显示，目前我国国民经典阅读情况并不乐观。多媒体时代，人们的读书热情在下降，这是普遍的世界性现象。相对于读纸本书，当代的青少年将更多的时间用在了网络、电视、手机等其他媒体上。那么，刷手机、看电视、上网冲浪可以完全替代读书吗？

很多学者专家认为，看电视、上网，不但不能替代读书，同时由于阅读时间下降导致思维没有系统、语言表达困难。早在 1994 年，网络还不是很普及的时候，俄罗斯《哲学问题》杂志就曾针对“书籍在荧屏时代的命运”的问题，邀请各方面的专家学者发表意见。俄罗斯鲁巴金阅读基金会主席普洛特尼科夫教授认为：人们电视看多了，会使注意力降低。人们变得匆匆忙忙，感到语言表达困难，在谈话中突然从一件事转到另一件事，缺少积极的词汇等。

我个人的观点是，读书或者阅读一些经典著作对人们思维的系统性和语言表达方面有很多好处；而看电视或者上网看画面没有这方面的帮助，反而起到反作用，从而导致表达困难、词汇量贫乏或词不达意。因此很多学者倡导读书，更希望多读传统经典作品。而且对于少数民族地区的同胞来说，阅读经典还有一个重要的作用，就是培养他们的语文能力、写作水平。

近年来，青海民族出版社一直致力于在少数民族地区开展经典阅读推广工作，并取得了一定的成绩。在经典阅读推广方面，我们相继合作出版了《中国传统文化经典丛书》《中小学家训》等系列丛书。此次合作出版的《阅读引领与视野拓展读本》系列丛书也是应青海民族出版社的提议，在《中华传统文化经典丛书》的基础上，邀请国内著名学者专门撰写的一套面向少数民族地区的同胞，对中华优秀文化的各个方面进行更加详细的介绍。

《阅读引领与视野拓展读本》是专以少数民族地区同胞为对象，按照民族地区读者的阅读需求组织撰写的一套中华文化科普类丛书。读本从《文字与典籍》《思想与学术》《文学与艺术》《藏书与读书》《建筑与园林》《书法与绘画》六个方面对中国古代经典文化进行解读，意在使广大读者，特别是民族地区对中华传统文化有更系统阅读需求的干部群众得到阅读指导和知识视阈的拓展。作为科普类读物，其中所涵盖的知识包括中华文化上下五千年中形成的对中华文明发展产生重要影响的文化内容，其中既有简单的文化现象和内涵的介绍，也有对中华文明形成发展脉络的简要梳理，同时也兼顾各民族同胞的阅读兴趣。读者通过这套书，既可以对中国古代文化有一个概要式的了解，也可以简要浏览中华文明在漫长的历史过程中走过的发展历程，对中华文明的渊薮有所了解。此外，如能对读者稍有启发，引起人们进一步了解中华优秀文化、阅读中华传统经典的兴趣，我想这便是这套书的价值所在了。

2020 年 9 月

目 录

阅读，与经典同行

何为经典：没有定论的话题

哪些作品可以成为经典，这是一个没有定论的话题。

80 多年前，朱自清写成《经典常谈》，他所说的经典，相对于儒学的“经”而言，是广义的，他说：

包括群经、先秦诸子、几种史书、一些集部；要读懂这些书，特别是经、子，得懂“小学”，就是文字学，所以《说文解字》等书也是经典的一部分。[①]

当代学者龚鹏程在《经学概说》一文中，讨论经典之所以成为经典时说：

一方面是经典本身的原因，因当它具有真理，足以启发后人，故为人所尊崇，视为恒经，乃不刊之理论。另一方面，它也形成于圣典崇拜之中。在经典化及其竞争关系里，某些书虽然也很重要，但未被经典化；某些书，原亦平常，却在某一历史条件下经典化了。[②]

先贤时哲所言，予人颇多启迪。

---

①朱自清：《经典常谈》序，上海文艺出版社，1999 年版。

②龚鹏程主编：《读经有什么用》，世纪出版集团，2008 年版，第 429 页。

我们常说的经典，是指那些具有重要影响的、经久不衰的著作，其内容或被大众普遍接受，或在某专业领域具有典范性与权威性。

如果我们不讨论专业经典，仅就一般意义上而言，那么经典具有三重特性或三要素：

影响力。影响力体现了作品内容的吸引力。那些进入经典的作品，无不在一定区域具有重要影响力。如《周易》《孙子兵法》等。当然，影响力有积极的与消极的，也有长期的与短暂的。那些“影响一时”的作品可称之为名著。而影响力，应当说并不完全出自作品的自身，或者说这种绝对自然发生的影响力是不存在的。我们每个人的阅读都受到很多因素的影响，如政治形态、家庭、个人的素质和兴趣、老师与同学、环境以及广告等等，我们对读物的选择或理解都会受到这些因素的影响。

时间性。一部作品，或许影响一时，或许在某一特定的时期被人顶礼膜拜，但时过境迁，很快就被人们遗忘或抛弃。经典，需经得起时间的检验，需经久而不衰。也就是说，一切著作，若要成为经典，我想它必须要经得起历史的考验。

广泛性。我所理解的经典（非专业领域的经典），必须是广泛的，是指它所讨论的问题是人们所普遍关心的，是大家普遍接受的。比如《诗经》《论语》《史记》《三国演义》等等，它们的内容是广泛的。三四千年以来，《诗经》讨论的话题我们今天仍然关心，有不少诗在今天还成为流行歌曲，像《在水一方》等。

我想说，这三点，也就是影响力、时间性和广泛性，大概就是经典所需要具备的因素。

中国人的阅读传统：经典崇拜

在中国悠久的阅读历史中，逐渐形成了丰厚的读书传统，这种传统的积淀与承继，对后世读书人有着重要的影响，读书人在心理上和阅读的价值取向上无不受其支配。虽然，目前我们对阅读传统的总结还做不到系统与深入，但这一话题显然对中国阅读史的研究具有意义，对经典的认识与理解有重要帮助。

作为中国阅读传统的一个重要内容，是阅读的思想与方法，这方面学术界已有很多的讨论。1996 年，我们在译注《读书四观》一书时，钱婉约在这本书的序言《读书：亘古常新的精神追求》中概括为三个方面：第一，强调读书为学的首要意义是修身宏道，以追求崇高的道德境界；第二，读书须求广博，为学须求通达；第三，读书为学须“思”“习”“行”相结合。正如《中庸》中所概括的“博学之,审问之,慎思之，明辨之，笃行之”。[①]

然而，阅读的目的与动力还有着强烈的现实需求，这种需求深刻而广泛地影响着读书人的阅读价值观。

首先，是“学而优则仕”。从孔夫子提倡读书做官，到《大学》中阐发的“修身、齐家、治国、平天下”；从隋代初创科举制度，到宋代流传的“书中自有黄金屋”“书中车马多如簇”等，一个很鲜明的目的：

---

①钱婉约：《读书：亘古常新的精神追求》，载王余光等译注《读书四观》，湖北辞书出版社，1997 年版。

读书以致富贵。这一传统是中国文化传统和价值观中的重要组成部分，对中国文化的发展有着不可低估的影响。

其次是勤学苦读。在中国阅读史上，勤学苦读的感人事例层出不穷，如“悬梁刺股”“凿壁偷光”“囊萤映雪”“韦编三绝”等等，这些故事曾激励过数千年来读书人发愤攻读，积极进取，其影响至今犹存。

第三，对文本的尊重。过去的读书人，往往都是藏书人或抄书人。虽然印刷术在我国发明得很早，但当时印本书籍的流传仍不是很普及。宋代的雕版印刷术虽然已经流行，但印出的图书品种一定不是很多，或仅限于一些经史名著。在 11 世纪初期，《史记》《汉书》等，一般读书人还要靠手抄。古代中国读书人的抄书，是一种很普遍的现象。过去的学者认为，好书当抄，抄书有益。抄书也是一种读书与学习的方法。书既不易得，读书人对书的敬重与珍视是可想而知的。清代藏书家孙从添在所著《藏书记要》中的一段记叙，颇能反映读书人的一般心态。他说：

且与二三知己，与能识古本今本之书籍者，并能道其源流者，能辨原板翻板之不同者，知某书之久不刷印、某书之止有抄本者，或偕之间访于坊家，密求于冷铺，于无心中得一最难得之书籍，不惜典衣，不顾重价，必欲得而后止。其既得之也，胜于拱璧。即觅善工装订，置之案头，手烧妙香，口吃苦茶，然后开卷读之，岂非人世间一大韵事乎？

书不仅因贵重而受珍视，同时，书也是读书人生活中不可缺少的组成部分。无法想象，对于读书人来说，没有书的生活是一种怎样的生活。虽然，我们曾有过这样的年代。明代一学者曾说：可无衣、可无食，不可以无书。衣食本是不可无的，这里只是想表明书的重要。读书人常常嗜书如命，并从中获得乐趣。

①孙从添：《藏书记要》，载王余光主编《藏书四记》，湖北辞书出版社，1998 年版，第 191 页。

在读书人尊重文本的基础上所构建的私人阅读空间，书房的内外环境，买书、藏书、借书、抄书、读书阅读活动，某些读书人的如痴如疯，正是中国阅读史中最具特色和感人的篇章。

书籍的力量和象征意义

书籍是读书人生活的重要组成部分，这是尊重文本的重要原因。在书籍中，经典又具有其重要而特殊的地位。在读书人心目中，经典具有力量，经典或阅读经典具有重要的象征性意义。唐代魏征在《隋书·经籍志·序》中，对经典的力量与象征意义作了极为精彩的概括，他说：

夫经籍也者，机神之妙旨，圣哲之能事，所以经天地、纬阴阳、正纪纲、弘道德，显仁足以利物，藏用足以独善，学之者将殖焉，不学者将落焉。大业崇之，则成钦明之德，匹夫克念，则有王公之重。其王者之所以树风声、流显号、美教化、移风俗，何莫由乎斯道？故曰："其为人也，温柔敦厚，《诗》教也；疏通知远，《书》教也；广博易良，《乐》教也；洁净精微，《易》教也；恭俭庄敬，《礼》教也；属辞比事，《春秋》教也。"①

经籍是圣贤智慧的结晶，可以用来领悟宇宙的奥妙，探究天地、阴阳的消息，端正世间的纲纪，弘扬人类的道德。经籍显则可救济世人，经籍藏则可独善其身。读经籍可令人进步，否则就会落后。成大业者

①《二十五史》本，上海古籍出版社，1986 年版。

能推崇经籍，则将有令人敬重的光明德性；普通人能以经籍为念，则将为世人所重。统治者若要树立政声、显扬德威、敦励教化、移风易俗，哪有不从经籍而来呢？《六经》的作用与意义由此可见。

首先，经籍是知识的宝库，古今中外的读书人，在这方面都持有相同或相似的看法。苏轼在《李氏山房藏书记》中说：经籍是取之不竭、用之不弊的，人的天分不同，贤或不肖，读书都会各有所获。[①]英国哲学家波普尔曾说：假使我们所有机器和工具，连同我们所有的主观知识都被毁坏了，然而，只要图书馆和我们从中学习的能力依然存在，我们的世界就会重新前进的。[②]经籍贮存知识，并为人们的创造提供基础。

其次，在中国的科举时代，经书，特别是四书五经，再加上朱熹的注解，一直成为科举最重要的教科书，成为读书人踏入官场的阶梯。千余年间，读书人无不深受其影响。

第三，经籍有助于甚或影响着国家的治理。我们现在是否能同意这一看法并不重要，至少我国古代学人是这样看的。司马迁在谈到《春秋》时说，《春秋》明辨人事经纪，判别嫌疑、是非、善恶，以宣扬王道，是一部政治、百官之大法，人伦、礼义之大宗，有国者、为人臣者，都不可不知《春秋》。司马光撰《资治通鉴》，并不是一般意义上的著书立说和史学研究，而是出于极具重要的政治目的。他在给皇帝的《进资治通鉴表》中称：该书“专取关国家盛衰，系民生休戚，善可为法，恶可为戒者，为编年一书”。又说，通过此书可“鉴前世之兴衰，考当今之得失，嘉善矜恶，取是舍非，足以懋稽古之盛德，跻无前之至治。”[③]《资治通鉴》成为治理国家的一面镜子，颇受当朝皇帝的赏识，对后世

①《苏东坡全集》卷三十二。

②［英］卡尔·波普尔：《世界 1.2.3》，《科学与哲学》1983 年第 3 辑。

③《传家集》卷十七。

皇帝及大小官员也有很大影响。即便在当今，有些人认为该书也是公务员必读的。

第四，经籍有益于国家的治理、信仰的确立和教化的形成。当然，它也有反作用力，古今中外，禁书层出不穷，正说明了这一点。这正从另一角度说明书的力量与影响力。某些政治、宗教、色情书籍的被禁，或许反映出禁书者的恐惧心理，因为这些书具有很大的破坏力。

第五，经籍或读书具有象征意义，从某种程度上来看，它体现了一个人的地位、权利或特征。读书会使一个人更有教养，即使不会，它也使一个人看起来有教养。我们在电视上常常看到，一些被采访的人物常常坐在大书架的前面，这不正是说明书是极具象征意义吗？哪怕这些被采访者根本不读书，或根本没时间读书。当然，从阅读史的角度看，我们更希望书不是象征物，而应该是读物。

为什么要读经典：近百年的争论

1. 为什么要读经典：问题的提出

在中国，随着西学的引进，科举制度的废弃，传统经典与读书人愈行愈远。五四运动前后，新教育制度的确立和白话文的推行，青年学生，特别是中小学生，已不把传统经典作为主要读物了。当时，有学者甚至说要把线装书扔到茅厕里去。因而，为什么要读经典，在那个时代就已被提出。近一百年来，这一问题常常被人们提起。

近 20 年来，随着新技术的发展，电视、手机与网络的普及所造成的冲击，使得读书人，特别是青少年，阅读时间大大减少了。因而，读书的问题，引起人们的普遍关心。在其中，随着中国经济实力的增强，所谓文化软实力被学者们不断宣扬，而阅读传统经典，宏扬中国文化，正是这种软实力的必备内涵。

2. 为什么要读经典：梁启超的回答

1923年，梁启超在撰写《国学入门书要目及其读法》的同时，还写了一篇《治国学杂话》的文章。在这里，梁氏就为什么要阅读传统经典，提出了两层意见。

一是，作为中国学人，就有必要读一些中国传统经典。他在《最低限度之必读书目》后的附言中说："以上各书，无论学矿学、工程学……皆须一读，若此未读，真不能认为中国学人矣。"

二是，梁氏认为，不仅需要阅读必要的经典，对那些"最有价值的文学作品"和"有益身心的格言"，还需要熟读成诵。他说：

> 好文学是涵养情趣的工具，做一个民族的分子，总该对于本民族的好文学十分领略，能熟读成诵，才在我们的"下意识"里头，得着根底，不知不觉会"发酵"。有益身心的圣哲格言，一部分久已在我们全社会上形成共同意识，我们做这社会的分子，总要彻底了解他，才不至和共同意识生隔阂。一方面我们应事接物时候，常常仗他给我们的光明。①

那些传统经典中的好文学，浇灌和滋养着我们的心灵，使我们有涵养与情趣；而圣哲格言，在为人处事方面，给我们以指引，不致使我们陷入困惑的黑暗中。在20世纪90年代，经过多次动荡的中国教育界，多少已意识到梁启超的深意，开始强调学生的素质教育。

3. 为什么要读经典：鲁迅的回答

①梁启超：《国学指导二种》之《治国学杂话》，中华书局，1936年版。

1925年，孙伏园在自己主持的《京报副刊》上，发出“青年爱读书十部”与“青年必读书十部”的征文启示。“青年必读书十部”征文，当时有70余位学者作家应征。

1925年2月21日，《京报副刊》刊出鲁迅的答卷。在“青年必读书”一栏中，鲁迅说：“从来没有留心过，所以现在说不出。”在“附注”中，鲁迅说：

我看中国书时，总觉得就沉静下去，与实人生离开；读外国——但除了印度——书时，往往就与人生接触，想做点事。

中国书中虽有劝人入世的话，也多是僵尸的乐观；外国书即使是颓唐和厌世的，但却是活人的颓唐和厌世。

我以为要少——或者竟不——看中国书，多看外国书。

少看中国书，其结果不过不能作文而已。但现在的青年最要紧的是“行”，而不是“言”。只要是活人，不能作文算什么大不了的事呢。[①]

鲁迅的观点发表后，引起很大争议，也遭到不少人的批评。在今天，他的观点也难为大多数人接受。

4. 为什么要读经典：唐文治的回答

1934年，《教育杂志》主编何炳松向全国教育界征询“读经”的意见。次年5月，《教育杂志》将收回的70余篇文章以专辑的形式推出。其中收录时任无锡国专校长唐文治的意见。唐文治说：

窃维读经当提倡久矣！往者英人朱尔典与吾华博士严幼陵相友善，严尝以中国危亡为虑，朱曰：中国决不至亡。严询其故，朱曰：中国经书，皆宝典也，发而读之，深入人心。基隆扃固，岂有灭亡之理？余谓朱说良然。吾国经书，不独可以固结民心，且可以涵养民性，和平民气，

---

①原载《京报副刊》1925年2月21日。

启发民智。故居今之世而欲救国，非读经不可。[①]

在唐文治看来，经书为国家的根基，可以团结人民、提高素质、开发智慧，创造和谐社会。

5. 为什么要读经典：朱自清的回答

1942 年，在西南联大任教的朱自清，写成《经典常谈》，此后多次出版或重印。这部书开列了十余部经典，说文解字第一、周易第二、尚书第三、诗经第四、三礼第五、春秋三传第六（国语附）、四书第七、战国策第八、史记汉书第九、诸子第十、辞赋第十一、诗第十二、文第十三。以求能启发读者的兴趣，引他们到经典的大路上去。作者在《序》中说：

在中等以上的教育里，经典训练应该是一个必要的项目。经典训练的价值不在实用，而在文化。……再说做一个有相当教育的国民，至少对于本国的经典，也有接触的义务。[②]

由朱自清的“文化”二字，可见 80 多年前，中国的知识分子就已经意识到中国文化受西方文化冲击的问题，担心中国人走向世界时会忘掉本民族的文化。中国文化如何传承的问题，在当时就已经是很重大的问题了，一直持续到现在仍然存在，不仅没有得到解决，而且矛盾更尖锐、更危急。我们现在的青年人，更加消极地对待这个问题。可能很多人会说，这跟我有什么关系，我不必承担如此沉重的历史责任。但如果我们每个读书人都不承担这样的历史责任，那么这个文化将会中断以至彻底消退。我自己在想，我们青少年现在喜欢的东西，都不是中国自己的东西，他们喜欢吃的快餐是肯德基，他们喜欢看外国的

①《教育杂志》1935 年第 5 期。

②朱自清：《经典常谈》序，上海文艺出版社，1999 年版。

大片，他们喜欢玩外国的电脑游戏。这就是一种文化上的“消退”。

作为这个民族的知识分子，自有着传承民族文化的责任。80多年来，《经典常谈》也成了人们习读经典的经典。

6. 为什么要读经典：钱穆的回答

1978年，香港中文大学新亚书院设立“钱宾四先生学术讲座”，请84岁高龄的钱穆作了《从中国历史来看中国民族性及中国文化》系列讲座。在讲演中，钱穆指出：有七部书是“中国人所人人必读的书”。他说：

我们今天一个知识分子，一个读书人，应该读四部书：一部是《论语》，一部《孟子》，第三部是《老子》，第四部是《庄子》。读了这面，还应读那面，这就叫“一阴一阳”。

又说：

这四部书都是古代的。若要再读后代的，则我再举三部。一是禅宗慧能的《六祖坛经》。……第二部是朱子选的《近思录》。……第三部是王阳明的《传习录》。

拿唐朝以下的三部，汇合上战国时代的四部，可成为中国新的《七经》。①

钱先生终生致力于中国文化的研究，是一位“对其本国已往历史有一种温情与敬意者”（此点曾遭猛评）②。其所《七经》说，乃其一生的读书经验之所得。

7. 为什么要读经典：余英时的回答

钱穆高足余英时，长期在美国大学执教。上世纪末，作《怎样读

①钱穆：《从中国历史来看中国民族性及中国文化》，香港中文大学，1979。

②钱穆：《国史大纲·凡读本书请先具下列诸信念》，商务印书馆，1994年版。

中国书》，主张读传统经典，提倡“旧书不厌百回读”的。该文中有一段话很值得我们思考。他说：

中国知识界似乎还没有完全摆脱殖民地的心态，一切以西方的观念为最后依据。甚至“反西方”的思想也还是来自西方，如“依赖理论”、如“批判学说”、如“解构”之类。所以特别是这十几年来，只要西方思想界稍有风吹草动（主要还是从美国转贩的），便有一批中国知识分子兴风作浪一番，而且立即用之于中国书的解读上面，这不是中西会通，而是随着外国调子起舞，像被人牵着线的傀儡一样，青年朋友们如果不幸而入此魔道，则从此便断送了自己的学问前途。[①]

8. 为什么要读经典：美国人的回答

我们注重传统经典的阅读，或许源于中国悠久的传统所赋予我们与生俱来的情感。然而，在美国，习读经典名著，特别是习读传统经典，同样是受人关注的话题。早在20世纪初，哥伦比亚大学就创设了“文学人文”和“当代文明”两门本科生的必修课。前者致力于提供一个欧洲文学名著的标准选目，后者提供一个哲学和社会理论名著选目。这两个目录包含了大量的西方传统经典。40年代，美国许多大学开设了这类课程。直到今天，有一些大学仍继续开设，如哥伦比亚大学与芝加哥大学。一位哥大的校友在谈到母校坚持开设这类课程的原因时说：

学校很清楚地知道，消费主义和平庸趣味的污染从来没有远离过这些经典著作名单。学校试图通过它组织和教授这两门课的方式驱除这种污染。首先，阅读常常是艰涩的，对当代的学生来说尤其如此。这是对西方传统的极度尊崇，而且校方坚持认为它是必要的。……它

①余英时：《钱穆与中国文化》，上海远东出版社，1994年版，第314页。

②［美］大卫·丹比著，曹雅学译：《伟大的书·导言》，江苏人民出版社，1998年版。

们应该成为每个人的教养的一部分。②

这位哥大校友名叫大卫·丹比，美国《纽约》杂志的电影评论家。1991年，他48岁，突然回到母校选修“文学人文”与“当代文明”这两门课，重读西方经典。他之所以这样做，主要源于他自身的知识危机。作为媒体中人，他深感：媒体给予信息，但信息在90年代已变成了瞬息万变、十分不稳定的东西。一个人永远不会得到充分的信息，这就是美国人现在为什么焦虑不安得像半疯了一样的诸多原因之一。20世纪末，媒体威胁着要“全面接管”。他说：“我拥有信息，但没有知识”，“严肃的阅读或许是一种结束媒体生活对我的同化的办法，一种找回我的世界的办法”。①

阅读哪些经典：也是一个没有定论的话题

1. 引言

不少读书人都认为：图书典籍浩如烟海，在阅读时会遇到图书的选择与鉴别等问题。为了解决这些问题，人们往往通过书目来了解图书典籍的状况，明晓读书的门径。书目，特别是那些指导阅读性的推荐书目，在我们购书、藏书和读书时可提供重要帮助。

然而，由于受多方面因素的制约，推荐书目的推荐性往往并不十

① [美] 大卫·丹比著，曹雅学译：《伟大的书·导言》，江苏人民出版社，1998年版。

分公允、准确与客观。

首先是时间方面的因素。读书是时代需求的一种反映，不同时代的读者对读物的选择是不同的。140 年前，张之洞编的《书目答问》面世，很受当时学子的欢迎。120 多年过去了，今天的一般读者，不会再依据《书目答问》去读书了。1924 年章太炎开列的《中学国文书目》，今天也不适合中学生了。书目中开列的《二程遗书》《十驾斋养新录》《申鉴》等书，恐怕学文科的大学生也没有读过。因而，一部好的推荐书目，要能满足不同时代读者的需要。

其次，推荐书目受推荐者的知识与兴趣的影响。1923 年，清华一批要出国留学的学生，为了短期学到国学常识，请胡适拟定了一个有关国学的书目。胡适开列了《一个最低限度的国学书目》，选书较多，偏重哲学史、文学史方面，史部书一概摒绝，有如《资治通鉴》这样的书亦未入选，当时梁启超就认为胡适这个书目"文不对题"。30 年后的 1953 年，北京图书馆开列了一个《中国古代重要著作选目》，选书 20 种。这个书目是经过郭沫若、俞平伯、何其芳等人审订过的。既然称为"古代重要著作"，那么如《周易》《论语》等哲学、思想方面的著作一本未选，这是很令人困惑不解的。

再次，推荐书目的推荐者受偏见或意识形态方面的影响。1945 年，英国作家奚普（Harace Shipp），不加时间地域与主题的限制，只就"最重要的书"，选出十本"震憾世界的书"，这里没有中国人的书。1985 年，美国《生活》杂志在数以百万计的读者中，开展评选《人类有史以来的二十本最佳书》，这里也没有中国人的书。美国图书馆学家唐斯（Robert B.Downs）曾写过一本《改变世界的书》，书中选择了从文艺复兴到 20 世纪中叶出版的 16 本自然科学和社会科学书籍，其后他又写了一本《自 1492 年以来塑造现代文明的 111 种杰出名著提要》。这两本书都没有收录中国人的著作。在后一本书的《导言》里,作者虽然承认东方的经典,“其中有许多书同样对西方产生了深远的影响”，但这些书还是被“略去了”。[①]另一位美国专栏作家费迪曼（Clifton Fadiman）曾出版《一生的读书计划》，向 18 岁到 80 岁的读书人推荐了 100 部名著，这 100 部名著也都是欧美人的著作。作者在该书的《前言》里坦陈一：

我所读过的东方典籍，并不能在我心中燃起火焰。这也许是因为世界观的限制所致。我曾试读紫式部（日本《源氏物语》的作者)、《可兰经》《一千零一夜》《圣薄伽梵歌》《奥义书》以及其他十余种东方古典，都不能获得乐趣。因此，老实说，我无法论述这些典籍。[②]

就我们所知，汉籍很早就在东南亚流传并发生广泛影响。17 世纪以来被译介到欧美的汉籍逐渐增多，在文学、哲学、思想等多方面都受到人们的重视。然而这些中国典籍仍然被上述推荐者所忽略，这确实是“世界观的限制所致”。也就是说,这些推荐者是深受“欧美中心论”的影响的。

也许，任何一部推荐书目都不可避免地带有推荐者的主观性和偶然性。然而，对于读者来说，准确、客观地去了解、选择、阅读真正的世界名著，往往是十分必要的。

有鉴于此,我们收集了 80 种中外推荐书目（中国的推荐书目 54 种，外国的推荐书目 26 种），运用了计量的方法，对这 80 种书目所推荐的书进行统计，以各书被推荐次数的多少为序，列出目录。这份书目不带有我们的主观性和偶然性。因而，它在推荐名著方面，应该说更加公允、准确与客观。[③]

---

①以上目录可见邓咏秋、李天英编 :《中外推荐书目一百种》，陕西师范大学出版社，2001 年版。

②费迪曼 :《一生的读书计划 · 前言》，海南出版社，2002 年版。

③王余光主编 :《中国读者理想藏书》，光明日报出版社，1999 年版。

依据上述统计，我们看到，在中国著作中，推荐次数最多的书，亦可称之为经典的，大致可分为八类:(1）四书五经;(2）前四史与《资治通鉴》;(3）先秦诸子;(4）其他子部书;(5）唐宋诗文;(6）其他诗文;(7）古典小说；(8）其他。

2. 四书五经

四书五经中的各部在各个书目中多有收录，其中《诗经》《论语》二书收录次数最多。这两本书为什么被学者认为是最重要的，还有一个原因是简单易懂，而《尚书》《周易》，可不是一般人读得懂的。

《论语》作为孔子的言论记录，一问世就受到人们的尊重，汉代之后，它几乎是每个读书人的必读之书。《论语》经过朱熹的注解后，便一直成为科举考试的最重要的教科书，宋元明清几朝的做官人、读书人无不受其影响。纵是科举废除以后，《论语》还是读书人经常诵读的书，今天，该书仍是一版再版，发行量之大是惊人的。书中许多词语，即便是在白话文的时代，仍被人们在书面上或口头上常常使用。可以说，《论语》自问世以来，对中国政治、思想、教育、伦理等多方面无不产生极其广泛的影响，因此，有人称《论语》为中国人的圣书。

《诗经》作为古代优秀的文学遗产，具有丰富的思想内容和迷人的艺术魅力，为后代诗人墨客所景仰、学习、借鉴，强烈影响着中国文学的发展。《诗经》中民歌和贵族讽刺诗表现的现实主义精神，开创了我国诗歌创作的传统。《诗经》也影响了散文的发展。唐代中期，韩愈、柳宗元发起古文运动，提倡散文，反对骈文，就都把《诗经》的内容与优美艺术形式的统一作为学习的典范，开创了中国散文文学的一个光辉时期。几乎可以说，《诗经》的影响，渗透了我国文学艺术的各个领域。《诗经》不仅是一部重要的文学作品，同时也是一部有史料价值的古代文献。《诗经》中某些诗歌记录了商、周民族起源的传说，商周之际的重大历史事件和周民族早期活动的历史，都极有价值，并成为《史记》所依据的材料之一。

3. 前四史与《资治通鉴》

各目多有收录，其中《史记》与《资治通鉴》二书收录次数最多。在传统史籍中，《史记》《汉书》与《资治通鉴》最受重视。

史家之绝唱，无韵之《离骚》。这是鲁迅对《史记》的称赞，也是对《史记》在史学和文学史上卓越成就的精辟评价。《史记》可以当小说看，《史记》里的纪、传跟小说一样很通俗，很有情节。《史记》说起来是一本史说，但实际上后来很多文学作品，如剧本、小说等，多以它为根据，比如《霸王别姬》等。司马迁忍受腐刑的痛苦，完成《史记》，并希望通过对往事的表述，以寄望于未来，在这里，作者生命存在的意义在著述中得到了升华。中国自古以来有许多文人学士都希望自己的著作能藏之名山，传之后人，然而，邯郸学步，蹈常袭故，汗牛充栋之中，又有几人可与《史记》堪称伯仲呢！司马迁大约用了16年时间写完了这部52万余字的著作，司马迁去世后，他的外孙杨恽才将《史记》宣布于世。《史记》的问世，为中国史学，甚至可以说为世界史学树立了一块不朽的丰碑。

《资治通鉴》294卷，北宋司马光主编。全书记载了上自周威王二十三年（前403年），下讫后周显德六年（959年）1362年的历史，是中国古代一部著名的编年体通史。司马光不仅是史学家，也是政治家，他在撰写史书的同时，也希望自己的书能为君主治国提供借鉴。

4. 先秦诸子

各目多有收录，其中《老子》《庄子》《荀子》《韩非子》《孙子兵法》诸家收录次数最多。

道家的著作是很多知识分子晚年读的书，其中《老子》和《庄子》

是最具有代表性的。几千年来，老庄的学说与思想一直延续不断，对中国人的思想有着很深的影响。西汉初年，政治推行“无为而治”“与民休息”的政策，即是以《老子》的思想为其基础的，并带来了文景之盛。东汉，道教产生后，《老子》作为经典，为道教徒所诵习。魏晋玄学家们以祖述老庄立论，将老庄与《周易》合称“三玄”。唐代，《庄子》成为道教的主要经典之一，被尊称为《南华真经》。《韩非子》对我们认识中国政治大有帮助，它是一部政治教科书。即便在今天，《孙子兵法》在军事、企业管理方面仍有借鉴。《荀子》一书在汉代与《孟子》同列诸子，并颇受学者所重。大概是主张性恶说，故受后儒诟厉，未能列入经书中。然而《荀子》对儒学的贡献和在中国学术、思想界的地位是不可忽视的。冯友兰曾作一个比拟，他说：

> 孔子在中国历史中之地位，如苏格拉底之在西洋历史，孟子在中国历史中之地位，如伯拉图之在西洋历史，其气象之高明亢爽亦似之；荀子在中国历史之地位如亚力士多德之在西洋历史，其气象之笃实沈博亦似之。①

5. 其他子部书

被各目收录较多的书是：《论衡》《坛经》《颜氏家训》《明夷待访录》。近代以来，《论衡》一书受到学者们的普遍关注。章太炎认为王充是“汉代一人”，绝未过火。侯外庐等人在《中国思想通史》里对王充作了这样的评价，他指出王充的反谶纬、反宗教的思想，毫无疑问的是中世纪思想史上第一个伟大的“异端”体系，是两汉以来反对“正宗”思想与反对中世纪神权统治思想的伟大的代表。

颜之推的《颜氏家训》问世后，一直受读书人的重视，宋、元、明、

①冯友兰：《中国哲学史》上册，中华书局，1961 年版，第 144 页。

清历代学者颇多赞誉，认为古今家训，以此为祖，在古代中国的家庭教育中，极具影响。黄宗羲的《明夷待访录》被蔡尚思与几家大学书目收录，可见此书受当前学界重视。这部思想史上的名著，对中国两千年的专制制度进行了批判，对中国近代思想启蒙起到了极为重要的作用。

6. 唐宋诗文

各目多有收录。1949 年以前各目多收个人文集，如李白、杜甫、白居易、韩愈、苏轼等人。1949 年以后各目多收选本，如几家大学书目均收《古文观止》《唐诗三百首》等，反映了大众读书的一个基本倾向。

2000 年元旦，中国青少年发展基金会和国家图书馆联合举办“中华文明火炬传递仪式”，一个重要内容是学生齐诵古典诗词。举办者认为：背诵古诗文，是让民族精神的血液在一代一代人身上流淌，是激活传统、继往开来的有力之举。据最近的调查：73.1% 的家长和 86.7% 的教师认为背诵古典诗文能弘扬传统文化；88.7% 的家长和 96.7% 的教师认为对孩子的修养和人格发育有好处；94.2% 的家长和 100% 的教师认为对提高孩子的语言文字能力有好处。[①] 以上数据表明，人们对这一问题基本上达成共识：阅读传统经典，对我们传承文化和提高素质是大有裨益的，而那些优秀的古诗文，特别是唐宋诗文，更受人们重视。

7. 其他诗文

以《楚辞》《文选》《陶渊明集》《世说新语》收录次数最多，宋代以后的诗文被推荐的较少。

《楚辞》作为中国文学的源头之一，与《诗经》有着同等重要的地位。大约从西周初年到春秋中叶、春秋末叶以后，流行于黄河流域的诗不再有人续作了，而南方长江流域的楚国，文化渐渐地发达起来，在文

---

①《诵读古典诗文，有助人格发育》，《中国青年报》2000 年 1 月 5 日。

学上更有不少建树，这就是楚辞的兴起。正如梁朝刘勰在《文心雕龙·辨骚》中所说：自从《国风》《小雅》《大雅》以后，不大有人继续写《诗经》那样的诗了。后来涌现出一些奇特的妙文，那就是《离骚》一类的作品了。这是兴起在《诗经》作者之后，活跃在辞赋家之前，大概由于离圣人还不远，而楚国人又大都富有才华的原因吧？《楚辞》产生在长江流域，与《诗经》在风格上多有不同。陈耀南在《典籍英华》中，将它们的差异概括为五端：(1)《诗经》所收作品，多属黄河流域（北），《楚辞》属长江流域（南）。(2)《诗经》多写人事、写实、含蓄，《楚辞》多神话、想象奔放。(3)《诗经》多短句叠字，以四字为主，《楚辞》多长句，以五字为干，加虚字以咏叹。(4)《诗经》各章多重整齐，反复唱叹，《楚辞》不分章，意或重而语少复。(5)《诗经》作者多失主名，《楚辞》多知作者主名。①

可以说，《诗经》与《楚辞》同为后世韵文之祖，堪称我国远古先民的绝唱。

8. 古典小说

以《红楼梦》《三国演义》《水浒传》《西游记》为主。

1949年以前，除胡适书目之外，其他书目均不收录。在中国，小说是向来不算文学的，并受学者的轻视。可以说，只是从胡适开始，才真正重视小说的研究。胡适写过一系列古典小说的考证性文章，并积极协助上海亚东图书馆出版古典小说的标点本。因此，胡适在他的书目中，推荐了《西游记》《水浒传》《儒林外史》《红楼梦》等。虽然如此，1949年以前的其他几家书目，仍然没有古典小说的位置。1949年以后，大多数书目都推荐了古典小说，古典小说的影响与日俱增。据一次对北京市民的调查问卷（收回有效问卷932份）结果表明：对被调查者

①陈耀南：《典籍英华》（下册），台湾学生书局，1980年版，第204页。

影响最大的中外书籍，《红楼梦》《三国演义》《水浒传》《西游记》分别排名第一、第二、第五、第十，足可表明四大古典小说的影响力。[①]

9. 其他

以《说文解字》《左传》二书收录次数较多。

1949 年以前，各书目重视推荐《说文解字》，这是受这种治学传统，即“读书以识字为先”的影响。因而，朱自清的《经典常谈》第一篇即为《说文解字》，并说：

从前学问限于经典，所以说研究学问必须从小学入手；现在学问的范围是广了，但要研究古典、古史、古文化，也还得从文字学入手。《说文解字》是文字学的古典，又是一切古典的工具或门径。[②]

1949 年以后，这种治学传统的影响逐渐消失，《说文解字》不再受推荐者重视了。

《左传》一书古代列入经部，长期又受到史学家与文学家的重视，一直有着持久与广泛的影响。《左传》记事起自鲁隐公元年（前 722 年），终于鲁哀公二十七年（前 468 年），是我国最详备完整的早期编年史。《左传》详于记事，对春秋各国的政治、军事、外交等都有很好的记载，特别是记载军事，不仅写得很详细，而且也很生动。此外，书中对当时的朝聘盟会、天文地理、氏族和少数民族等都各有详略不同的记载。《左传》的出现，标志着我国编年体史书已达到比较完备的程度，史学家刘知几、章学诚都把它看作是编年体史书的鼻祖，给予很高的评价。《左传》善于描写人物，烘托场面，经纬史事，是我国历史文学的开山，成为后人学习和模仿的典范。

①康晓光等著：《中国人读书透视》，广西教育出版社，1998 年版，第 46 页。

②朱自清：《经典常谈・说文解字》，上海文艺出版社，1999 年版。

结　语

从以上各类传统经典被推荐的情况来看，不少经典是有着持久的生命力，如《诗经》《论语》《孟子》《史记》《资治通鉴》《老子》《庄子》《荀子》《韩非子》《楚辞》《左传》等书。有些经典其影响力则随着时代的变化而变化，如《明夷待访录》《古文观止》《唐诗三百首》、古典小说、《说文解字》等。从总的方面来看，近百余年来，传统经典读者的基本阅读倾向是：从艰深到浅显，从文言到白话，从原本到节本，从专集到选本，体现了传统经典阅读大众化的发展方向。

以上各部经典，都写成于古代，近人或今人的著作都未进入。这或许从一个侧面反映了中国读书人珍古典、重基础的心理。长期以来，中国学人对于经典的阅读强调辨章学术、考镜源流，以上这些著作，真正是中国学术之源。而作为经典，是要经得起时间的考验，这正是明证。

中华民族是一个重古训、尊先法的民族，对前人圣贤的大道理看得特别重。在这样一个民族社会的背景下，结晶着前辈思想的经典，就不仅具有一种狭义的学术意义，同时在政治、思想、文化等方面都产生着不可估量的影响。

在这斑斓的文化园地里，大道名儒，各树一帜；诗词曲调，连峰叠起……每一位哲人的一本本宏著，构成了这一古老文化的精神实体，并垒起了这一厚重国体的思想基础，塑造着民族的灵魂与性格，也在感召着每一代人自强不息。

延伸阅读

重建家庭藏书随想

史学家顾颉刚先生在《古史辨·序》中，谈到他早年读书、买书的经历。他说：我从小就喜欢乱翻书，看祖父的文字学书，看父亲的文学书，看叔叔的历史书，因此渐渐地受到了各方面的启发。然而每一门类的知识都是无穷的，我又渐渐地感到家庭中这些书不能满足我的知识欲，有时就自己出去买书。不管是哪方面的，只要我有力量的都买下来。当时的苏州还保留着一个文化中心的残状，观前街一带新旧书肆约20余家，旧书的价钱很便宜。每天一下课，我就立刻向书肆里跑，不是翻阅他们架上的书，便是向掌柜们讨教版本的知识。天天游逛书肆，就恨不能把什么学问都装进我的肚子。我的痴心妄想，以为要尽通各种学问，只须把各种书籍都买来，放在架上，随心阅览，久而久之自然会明白通晓。总以为宁可不精，不可不博。

从顾先生这段自述中可以看到，家庭与社会环境对孩子的阅读是有重要影响的。正如教育家陈鹤琴先生在《为幼儿创设良好的环境》一文中指出："要孩子学会阅读，我们的家庭、我们的社会，必定要先有阅读的环境。"

如果说中国家庭阅读有一种传统的话，那就是耕读传家与诗书继世。"耕"是这个以农业文明为主体社会的物质需要，而"读"则是伦理道德确立和传递的最有效的方式。自汉以下的古代中国，"耕读传家"的理念逐步成为中国家庭价值观的核心。今天，我们在一些老宅子里，还能常常看到"耕读传家""诗书继世"的对联，以窥见当年这些书香门第与读书世家的辉煌。

"耕读传家"的传统随着传统家庭的解体，逐步在现代社会消失。随着现代各种媒体，如电视、网络、手机等的不断普及，其进一步分流了人们的注意力，分割人们有限的闲暇时间。就我的感知，有藏书的家庭越来越少，人们的读书时间也越来越少了。因此，推广读书、鼓励读书，希望重建家庭藏书，让书籍走入每个家庭，为儿童营造一个读书的环境，让"耕读传家"的传统在新时代能赋予更丰富的内涵，并得以延续，应该是一件很有意义的事。

如果说家庭藏书是重要的，那么家庭应藏哪些书籍、藏书的数量以多少为宜？这些问题似乎没有人关注。对于一个读书人来说，上述问题也许就不是什么问题，但对于一个从事非文化教育工作的家庭主人而言，这些问题或许就是问题。我曾在一些图书馆做关于经典阅读的讲座，一些听众常常提出上述问题。

作为一个普通家庭，要藏哪些书籍，我个人的意见是：

首先是中外经典著作。读这些书的重要性，先贤多有论述。梁启超说：一是，作为中国学人，就有必要读一些中国传统经典。二是不仅需要阅读必要的经典，对那些"最有价值的文学作品"和"有益身心的格言"，还需要熟读成诵。(《治国学杂话》）章太炎说："中学诸生，年在成童以上，记诵之力方强，博学笃志，将从此始。若导以佻奇，则终身无就。"(《中学国文书目》）朱自清在《经典常谈》序中说："在中等以上的教育里，经典训练应该是一个必要的项目。经典训练的价值不在实用，而在文化。"

其次是儿童读物。除上述经典外，一些绘本、较浅显的诗歌、小说、童话作品，适合儿童阅读。家长可参考一些推荐类读物，如《小小读书郎》（严红等著，武汉大学出版社，2007 年版）、《成长图书馆》（李东来等编，中国人民大学出版社，2012 年版）系列等，为孩子构建一个书架。

第三是一些适用类书，如教育类、生活类、地图工具书等。

《百种中国家庭藏书书目》，可为家庭藏书的构建提供参考。

关于藏书的数量，即一个普通家庭应有多少藏书为适宜？这个问题少有研究，或无必要定出一个标准。清修《四库全书》时，于乾隆三十九年七月之《圣谕》中说："其一人而收藏百种以上者，可称为藏书之家。"（《四库全书总目·卷首》）这里的"藏书之家"，或许是指藏书家而非普通家庭的藏书量。在出版业发达的今天，我以为普通家庭的藏书量在五百种（或册）左右为宜。

今天在具备了一定的经济基础的情况下，我们有能力重建家庭藏书。我主张应将购书经费列入家庭开支，建立家庭必备的基本藏书。家中应有书桌、书架，条件稍好的家庭，可有一个书房，成为家庭成员读书交流的场所。家庭藏书的主要目的有两个方面。一方面，能让家庭成员有一些必备的读物，有些人家里根本无书可看。在目前图书馆还不是十分普及的前提下，我们提倡家庭阅读，就不仅是继承传统，还具有实际的意义，家庭藏书能够作为图书馆的一个重要补充。另一方面，正如前面所讲的，家庭藏书可以给家庭成员营造一个阅读的环境和氛围。在此基础上，方可开展国际上比较流行的培养有修养的母亲、提倡亲子阅读等活动。美国图书馆学家和教育家皮尔斯·巴特勒（PierceButler）曾说："人们的阅读习惯很重要，如果一个人已经养成了阅读的习惯，他就比那些没有阅读习惯的人更容易去阅读。"（An Introduction to Library Science）如果让一个孩子从小就养成读书习惯的话，他一生都将受用无穷。

在一些西方国家，他们仍然保持着很好的阅读传统，比如，基督教强调读书，早期教徒读书主要是指读《圣经》，阅读是教徒跟上帝沟通的一种手段，在此基础上形成了很好的阅读传统。他们的阅读大部分是出于宗教的规定。中国人读书与宗教信仰关系不大，但强调读书为学的首要意义是修身宏道，以追求崇高的道德境界。因此，无论是宗教的规定，还是伦理的需求，读书对中西文化而言，都是重要的。对家庭而言，家庭成员的主要活动是工作和孩子的学业，此外还有家务、社交、旅游等。家庭读书可与上述活动相结合，以期让这些活动变得非富多彩，让阅读持续不断。

过去，“看书”与“读书”是有区别的，“看”是默读，“读”是朗读。我以为，在家庭，一人以“看”为主，多人以“读”为主。此外，不同的书则应区分是“看”还是“读”。关于这个问题，曾国藩在给儿子纪泽的信中，曾加以讨论，他认为：《史记》《汉书》《近思录》等书，适合看，而《四书》《诗》《书》《易》《左传》诸经，《昭明文选》、李、杜、韩、苏之诗，韩、欧、曾、王之文，非高声朗诵则不能得其雄伟之概。他打比方说：“看书则在外贸易，获利三倍者也；读书则在家慎守，不轻花费者也。譬之兵家战争，看书则攻城略地，开拓土宇者也；读书则深沟坚垒，得地能守者也。二者不可偏废。”（曾国藩《谕纪泽》，咸丰八年七月二十一日）这些看法，我以为在今天仍有参考价值。

让朗朗书声在家中回荡，让读书成为我们生活中的一部分。

——原载《中国家庭理想藏书》，文建明，刘忠义主编，生活·读书·新知三联书店，2013 年版，第 149–152 页。

从结绳记事说起：汉字的发明

结绳记事

文字是构成文献的必要条件，有了文字，才有文字记载，也才有文献的形成。要了解文献的起源，首先需从文字的发明说起。

在中国文字中，要算汉字的历史最为久远。汉字发明于何时，至今还是个悬而未决的问题。早在2000多年前，我国学人就开展了这一问题的讨论，但他们缺少确切的材料作根据，只用一些远古的传说作为凭证。许多学者认为，中国不少远古的传说都有一定的可信性，它们或多或少地反映了当时的历史情况。通过远古的传说我们知道汉字形成前，我国有结绳记事、刻木记事等许多形式的记事方式，这些方式为汉字的形成提供了基础。

大约成书于战国时期的《易·系辞》说：

上古结绳而治，后世圣人易之以书契，百官以治，万民以察。

这句话反映了由结绳记事到文字产生的过程。如何用结绳的方式来记事，我国古书上也作过记载。汉郑玄《周易注》说："结绳为约。事大，大结其绳；事小，小结其绳。"唐李鼎祚的作品《周易集解》中引用九家

《易》也说："古者无文字，其有约誓之事。事大，大其绳；事小，小其绳。结之多少，随物众寡，各执以相考，亦足以相治也。"可见我国远古确实有过结绳记事。

除汉族以外我国许多少数民族，如独龙族、珞巴族、景颇族、傈僳族、瑶族、哈尼族等都曾用过结绳记事。他们不仅可用大小不同的绳结来表示一些简单的事物，而且还可表示比较复杂的数字和债务。怒族结绳记事之法是大事用大结，小事用小结。佤族记录债务的结绳，绳的上端有三大结，中间有一大结、一小结，下端又有三大结。上端三大结表示借出三元滇币，中间一大结、一小结表示半年利息是一元半滇币，下端三大结表示已有三个半年。这一事实说明我国古书关于结绳记事的记载是可信的。事实上，世界上许多民族都用结绳记事，有些民族一直沿用至今。据记载，秘鲁人很熟练结绳记事的方法，直到今天，有些秘鲁牧人还用这种方法来记事。他们用一根很粗的绳子，绳上拴着长长短短像缨子一样的杂色细绳子，细绳子上面打着许多结头。结头离粗绳子越近，表示事情越紧要。黑结头表示死亡，白结头是指银子或和平，红结头指战争，黄结头指金子，绿结头指谷物。如果结头没有染色，那是指数目：单结指十，双结指百，三结指千。古代秘鲁人甚至能用这种结绳的办法来记载历史和传说。在日本、波斯、埃及、墨西哥以及太平洋的波利尼西亚及其附近各群岛，也都盛行过结绳记事的办法。[①] 但结绳并不是真正的文字，它只是帮助记忆的一种符号，在使用时，不能离开记忆者，离开了记忆者，别人就无法确切地了解结绳的意义。

---

① [德] 利普斯：《事物的起源》相关章节，汪宁生译，敦煌文艺出版社，2000年版。

刻木记事

结绳记事之外，还有刻木记事。东晋梅赜所献的《古文尚书·序》称：

> 古者伏羲氏之王天下也，始画八卦，造书契，以代结绳之政，由是文籍生焉。

这是说结绳记事之后出现了八卦、书契代替结绳记事，然后文籍产生了。现在有些学者认为，八卦是古代刻木记事的一种形式。著名《周易》研究家李镜池认为：

> 八卦的构成当在结绳之后。结绳用来记事，改结绳为书契时，……用的是象征表示法。八卦自迭或互迭又构成六个四卦。到了文字创立时，这种象征意义的标志已经不合用，不能代表语言，几于废弃。于是占筮者把它捡起来；用以标记蓍筮之数。[1]

在结绳记事之后，有八卦这一形式的刻木记事。刻木记事不仅为很多古代民族所使用，直到近现代仍有不少民族在使用。在北京民族文化宫内，曾陈列过西盟佤族两件木刻，记载某寨居民甲向乙借鸦片烟60两，言明年利30两。木刻一端刻60道，另一端刻30道，分别代表本钱和利钱。每遇10道，划“×”形符号一个，代表整数。然后一剖为二，各执其一。后来甲无力还账，乙又送去木刻一个，一端刻五个小缺口，另一端刻一个大缺口。小缺口表示“希望你在五个月内还清”，

①李镜池：《周易通义》，中华书局，1981年版，第6页。

大缺口表示“若你不能还清,我要来拉走牛一头或小孩一个”。[①]在国外,有许多民族也使用刻木记事，南斯拉夫的农民利用木棒刻痕来代替记事本和单据。比如，有一个农民向一个商人赊买了四袋半面粉，他不写借据，只削光一根小木棒，在上面刻四道长痕，一道短痕。随后他把那根木棒劈成两半，一半交给商人，一半自己保存。到了还账的时候，两半合拢到一块儿，一瞧就明白该还多少，那样是作不了弊的。

刻木不仅可以作为契约，也可以用来记载历史。云南西盟佤族有一种传代木刻，也是记事性质的。他们在每年第一次吃新米的时候，要召集全村老小一齐尝新，由年老的人口头传述本村历史，并拿出历代相传的一根木刻。木刻两侧都刻着许多刻口,每刻口代表一桩事件,刻口深的,表示重大事件；浅小的表示事件轻小。有时新发生一桩事件，也照样加刻上一个刻口。讲述的老人主要是指示给族人某一刻口是记本村的某事和某村人结下仇怨，已经报复过或未报复过，其意义是要族人记着仇怨不忘报复。而村中其他事件也借此机会，口耳相传延续下去。

有些学者对记事的木刻加以研究，认为木刻上的符号原来是备忘用的,有一部分用之既久,约定俗成,社会上都能了解,便可以变为文字。

图画符号记事

我国很多古书上都记载有“河出图，洛出书”的传说，这可能反

①汪宁生 :《从原始记事到文字发明》,《考古学报》1981 年 1 期。

映了“图”与“书”之间有一定的关系。有些学者认为，对文字形成最有影响的，可能是图画符号（也有人称为图画文字）。这种图画符号是介于图画和文字之间，用来记事或表达思想的手段。它没有读音，目的只在表意。一般的图画符号比较简单,有些图形人们一看就知为何物，具有形象化的优点，比结绳记事或刻木记事要进步。虽然有少数图画符号可以独立表达意思，但大多数图画符号之间常常是不连贯的，在以图画表意（特别是表示抽象概念）的时候，各自又有自己的特点或特殊的方法，故全图的意思仍要靠画者或当事人的解释。这是图画符号不同于文字的地方。图画符号一般比较笼统，它的主要任务不是创作艺术形象，而是用来保证理解出画的内容，因此，图画符号与艺术性图画也是有区别的。

我国有许多民族都曾使用过图画符号来记事。如云南纳西族在他们的象形文字经典（“东巴经”）中，仍保存大量图画记事的成分。如“东巴经”的一段，只有五个图形，从右到左是织布机、手持织梭的女人、持弓欲射的男人、箭；飞在篱笆上的一只斑鸠。这五个图形是表述下面一篇故事：

天女翠梅波波正在织布的时候，斑鸠飞在篱笆上，人类始祖错若利恩带来了弓箭想射，瞄了三瞄，还不会射。翠海波波说：“射呀！射呀！”便用织布梭向错若利恩手中一撞，箭就射出去了，正打在斑鸠的肚子上。①

“东巴经”中有些故事只用几个图形来表示，只有“巴东”（巫师）看了这几个图形才能诵出长篇的诗句，而其他人（即使认识这种文字的人）看了仍莫名其妙。这正如德国学者利普斯所说，图画记事“具

①汪宁生：《从原始记事到文字发明》,《考古学报》1981 年 1 期。

有帮助记忆性质，仅仅参与其事者和记得其事者，或者是听到解释过每个图形的人，才能充分了解其意义。”①

国外也有许多民族用图画符号来记事。如美拉尼西亚人、北美印第安人和西伯尼亚诸部族等。1849 年，印第安人德拉瓦尔族曾送交美国总统一幅请愿书，这幅请愿书就是用图画符号书写的。请愿的七个氏族请求允许他们由苏必利尔湖迁徙到相邻的另一湖的近旁。在请愿书里，七个氏族由他们的图腾的形象代表着：一个是鹤、三个是貂、一个是熊、一个是人鱼、最后一个是膃肭兽。鹤被画在最前面，它是领导氏族的标志。下面画着请愿诸氏族所要迁往的湖。每个图腾的眼和心都和请愿书提出者鹤的眼和心连接在一起，这表示大家的意见一致。

图画符号的进一步发展，就可能会转变为象形文字。象形文字是用物体的形象来代表一定意义的文字，有一定的读音，它已是真正的文字。象形文字的出现，标志着文字的产生。

仓颉造字

我国古代的结绳、刻木、图画符号等记事方法为汉字的产生奠定了基础。那么汉字又是如何产生的呢？关于这一问题，有许多远古的传说：

《世本·作篇》：“黄帝使苍颉作书。”

---

①汪宁生：《从原始记事到文字发明》，《考古学报》1981 年 1 期。

《荀子·解蔽》："好书者众矣，而苍颉独传者一也。"

此外，《吕氏春秋》《韩非子》、李斯《苍颉篇》《孝经》、王充《论衡》等书都记载仓颉创制文字的事。东汉文字学家许慎在《说文解字·序》中记载得较为具体，他说：

黄帝之史仓颉，见鸟兽蹄迒之迹，知分理之可相别异也，初造书契。百工以乂，万品以察。……仓颉之初作书，盖依类象形，故谓之文。其后形声相益，即谓文字。文者，物象之本。字者，言孳乳而浸多也。著于竹帛谓之书。

作为一个严肃的文字学家许慎，他在写下这一段文字时，是不带有神话色彩的。这一记载至少告诉我们如下几点：

（1）仓颉所处的时代和所从事的工作。不仅许慎认为仓颉是黄帝的史官，当时不少人都持这一看法，包括史学家司马迁、班固等。孔颖达在《尚书正义》中说："司马迁、班固、韦诞、宋忠、傅玄，皆云：'仓颉，黄帝之史官也。'"

（2）仓颉创制文字是受到鸟爪、兽蹄各类不同踏痕的启示的。东汉高诱在为《淮南子·本经篇》作注时也认为："苍颉始视鸟迹之文造书契。"《汉学堂丛书》辑《春秋元命苞》亦云仓颉"穷天地之变，仰观奎星圆曲之势，俯察龟文鸟羽山川，指掌而创文字"。所说与许慎类似。

（3）仓颉创制文字，首先是依照物类象形，造制出一种称为"文"的象形符号。所谓文，许慎自己说："错画也"，"物象之本"。段玉裁在《说文解字注》中亦云："交错其画而物像在是。"亦即描摹事物之本来形象的一种符号。这种符号如同上文说的图画符号，还不是真正的文字。

（4）仓颉在文的基础上，再附之以声，亦即"形声相益"，这就产生了真正的字。形象与声音不断相互配合，这就会产生很多字。把这些字写在竹帛上，就称之为书。

（5）文字书契产生后的意义。许慎说，文字书契产生之后，百官办理事务更为周备，人群分际也更加明确了。《淮南子》的作者更夸大了文字的意义，其《本经训》说："昔者苍颉作书而天雨粟，鬼夜哭。"为何"天雨粟，鬼夜哭？"唐代张彦远在《历代名画记》中说，由于文字的诞生，"造化不能藏其秘，故天雨粟；灵怪不能遁其形，故鬼夜哭。"

汉字究竟是不是仓颉发明的，这一问题至少从唐以来就没有一定的看法。在 20 世纪 50 年代，刘国钧先生认为仓颉造字是不可信的，"因为文字不可能是由一个人忽然发明的。文字是劳动人民在生产过程中逐渐创造的，不是在一个时间一个地点之内由一个人想出来的，而是在很长时期内，由许多人逐渐创造积累起来的。这一点，可以从古代汉字差不多每个字都有不同的形体，甚至二三十个不同的形体这个事实上推测出来。所以文字的发生不能归功于某一个什么人。"刘先生的这一看法有很大的普遍性，不少著作和教科书上都持有相类似的观点。然而近年来也有人提出异议，认为："文字是社会公认的一大批有一定的形、音、义的符号，人们不可能生而知之，也不能人人都来创制。文字必须经过专门学习才能掌握，文字必须有专门的阶层掌握、记录与世代教授、流传。文字的创制、学习与运用都需要时间与条件，这一切并不是天天从事体力劳动的人所能办得到的，在古代是必须脱离繁重的体力劳动才能办得到。亦即创制文字是由当时社会上脱离体力劳动的少数人专门从现有的大量符号中去粗取精，归纳整理，改制创制，整齐划一，逐步取得大范围的社会公认才能成功的。根据文献记载，这批人可能就是古代的巫史。虽然'黄帝之史仓颉'不见得实有其人，但文字确是由古代专门的知识阶层创制产生的，从陶符到文字是一个质变，文字的产生是一个创造的过程，而那种简单地认为文字是群众创造的观点是片面的，不符合历史实际的。"

仓颉发明文字，还是属于传说的范畴，难以深究。在几千年前，汉字是由谁或哪一些人发明创造的，对于这一问题，我们还没有确切的材料来说明，因此也就不能得出令人置信的结论来。

考古学证据

随着考古学的发展，一些新的材料不断被发现，为研究汉字的产生和汉文献的起源提供了条件。1899 年以来，商代的甲骨文一直被认为是我们所知的最早文献。但是，很多学者都认为，甲骨文是形成时代较晚的成熟而系统的文字，显然不是我国最早的文字。

20 世纪 50 年代，我国考古工作者发掘了陕西西安半坡和临潼姜寨两处仰韶文化遗址。在半坡出土的一些陶盆外壁及钵底，发现有刻符。刻符半数为一竖道，也有两竖道并列的，一竖道上下带倒钩的，竖道一侧带三、两横道的等。姜寨发现的陶器约 130 件，刻符有的与半坡相似，有的则更为复杂。有人认为这类刻符是与制陶有关的记事符号，也有人认为是原始的文字。郭沫若在《古代文字之辩证的发展》一文中称："那些刻划记号，可以肯定地说就是中国文字的起源，或者说是中国原始文字的孑遗。"如果这一结论得以肯定的话，那么中国汉字就有 6000 多年的历史了。但是近年来有些学者认为半坡陶器刻符不是文字。

20 世纪 70 年代，我国考古工作者在山东莒县陵阳河遗址发掘出一批属于大汶口文化时期（公元前 4300 年 – 前 2400 年）的陶器，并发现了部分刻符（有人称为陶文或陶器文字，也有人称为象形符号），这些陶器刻符是刻在陶尊的口缘下面，与上文提到的半坡刻符区别在于，它不是抽象的线条符号，而是对具体客观事物的概括性摹绘。有人认为，这些刻符与甲骨文、金文有一脉相承的迹象，说明它已不是一般的图画，而是原始文字了。但有人认为，这些刻符与半坡刻符虽形体不同，但本质是一样的，都是记事符号。其形体很复杂，亦难以确定其音与义，因而也不是文字。

近年来，我国考古工作者又发掘了两个属于龙山文化（公元前2400年－前2000年）晚期的遗址，一个是河南登封王城岗遗址，一个是距西安市中心约25公里处的西郊斗门乡花园村遗址。前者可能是禹都阳城之所在，并出土了大量的陶器，发现了一些刻画的“文字”。有些“文字”是刻在泥质黑陶薄胎平底器的外底，系烧制前刻划在陶胎上的，它的形体结构与商代甲骨文和西周金文有相似之处。有些人还进行了释读，并认为：“王城岗遗址出土的龙山文化晚期陶器上的‘刻划文字’，是目前考古发现的确凿时代最早的文字。其绝对年代为距今4000多年，属于文献记载中的夏代的初期，出土的地点在文献记载的‘禹都阳城’范围之内，因此，我们认为这是我国夏代的文字。”

在西安西郊花园村，出土了一批属龙山文化晚期的甲骨文献。这批甲骨文分别刻在一个骨笄、一颗兽牙和若干块兽骨上。这些兽骨和骨器质地十分坚硬，表面莹润光亮，看似已经做过脱脂、防腐处理。文字行笔先后顺序和重叠关系清晰可辨，不同于线条简单的记事符号。字体小如蝇头，笔划细若蚊足，刀法朴拙，字迹清晰，其形体结构与殷墟甲骨文近似。在被清理出的十余个单体字中，可释义的有“人”“万”“元”等字。据陕西考古界人士称，这批甲骨文比安阳殷墟甲骨文时代要早1200年以上，它把中国人最早使用文字的历史提前到距今4500年至5000年前。还有人认为，这次出土的文字应断代在陶文与甲骨文之间，时间在黄帝时代和夏代初期，反映了汉文字在萌芽时期的特征，它的出土印证了"黄帝之史仓颉造字"的远古传说国家、城址的出现以及青铜器的制造几乎同时，因而是中国古代文明的重要标志。

随着考古新材料的不断发现，有关汉字起源问题的讨论将会逐步深入。就现有的材料来看，汉字的产生是受到一些原始的记事方式的影响的。在远古，结绳记事、刻木记事、画符号记事等，为汉字的产生提供了基础。汉字同其他早期文字一样，它的问世正是人类克服自身缺陷所作的努力的产物。文字的出现，是人类进入文明时代的重要标志，而人类文明的累累硕果，也正是人类这种努力所播下的种子。

现在看来，汉字产生于龙山文化晚期，即传说的黄帝时代，距今约 4000 余年，应是可信的。传说黄帝之史仓颉造字，应理解为仓颉对原有的各种记事符号进行整理、加工、修正、创制和推广，在某种程度上也是可信的。西安西郊花园村出土的甲骨文献可以看作是我国汉文文献的起源，从这时推算，它至少已有 4000 余年的历史了。正是在这 4000 余年内，汉文献逐步走上了从发展到繁荣的道路。

延伸阅读

书与人类进步

——节录自《影响中国历史的30本书·引论》

书是人类文化中最卓越的创造物。

人创造了书，人的认识与探求，人的思想与情感，都在书中得到了充分的反映，书是人类进步的有力见证。书也培育了每一代人，它，不仅是智慧的钥匙，开启了人类走向一个又一个未知世界的门扉，也是一艘充满活力的航船，把人们从狭隘的地方，带向无限广阔的生活海洋。

让我们打开书的叶卷。

一、书的属性与构成

作为人类文化的一员，人们在解析这丰彩多姿的书的世界的同时，离不开对那更为广阔的文化世界的认识。我认为，文化是人类精神作用于外部世界的结果，是人类社会实践活动创造出来的一个有别于物质世界，也有别于精神世界的特殊领域。文化的内涵大略可包括三个方面：(1）人的规范的总体，如义务、价值、道德、教育等；(2）人类社会的总体，如家庭、民族、国家、宗教等；(3）客观知识的总体，如艺术、科学、语言、书籍、机器等。书籍是客观知识总体的一部分。知识依其存在的形式，可划分为主观知识和客观知识两部分，主观知识存在于人的脑子里，随着人的死亡而消亡，客观知识存在于人的脑外。书是客观知识与物质形式的统一体，其内容是客观知识，形式是竹木纸张等物质实体。英国哲学家卡尔·波普尔说："不管是科学书籍还是文艺书籍，一本书是一种物理现象。……但是使它成为人类精神品的重要产物是它的内容。版本不同，内容依然不变。"(《世界 1. 2. 3》,《科学与哲学》1933 年第 3 辑）这样，我们对书的属性就有以下两方面的理解。一方面，书不能纯属物质的范畴。我们平常提到的书，不是指它的外在形式，而较多的是指它的知识内容。现有一本历史书，一本物理书，假定它们的印刷、装帧、纸张等物理属性是相同的，然而它们仍不是同一本书。相反，我们所说是一样的书，比方《论语》，却可能属于不同的版本，物理属性全然不同，假如所有这些版本都包含同一内容，即同样的句子序列，那么，它们实际上是同一本书。这就是说，知识内容是书的根本属性。另一方面，书也不属于精神的范畴，因为它们一经产生，就完全脱离人脑而独立存在。

书是一定的物质属性（具体形态）与一定的知识内容（抽象形态）的统一体。书的具体形态主要由如下四个部分组成：(1）文字形式。书的知识内容必须要通过一定的文字形式才能得到体现。文字形式又可分为两种，一是不同语种的文字形式，如汉字、藏文字、英文字等；一是同一语种的不同的语言形态，如汉语中的文言文、白话文等。(2）载体形式。书的知识内容通过一定的文字手段，又必须要体现在一定的载体上。目前，纸是世界上最普遍通用的书籍载体。(3）书写形式与印刷形式。印刷术发明之前，书是以手写的形式出现。印刷术发明后，写本仍然存在，只是不作为主流而已。目前，印刷形式有多种，主要有铅印、石印和影印等。(4）装帧形式。目前流行的是平装和精装。

构成书的另一方面是书的抽象形态。抽象形态包括书的知识内容，体裁与体例。知识内容是构成书的必要因素，正如波普尔所说："几乎每一本书都是这样：它包含着客观知识，真实的或虚假的，有用的或无用的。”（《世界 1、2、3》，《科学与哲学》1933 年第 3 期）与知识内容相关联的是书的体裁与体例。体裁与体例都是知识内容的表现形式。体裁往往是就各类书（或文章）之间的不同的表现形式说的，如文学书有诗歌、散文、小说、戏剧等，史学书有纪传体、编年体、章节体等。体例是指书的内容的组织结构和表述形式，如书中的记时、记地、记人的方式，标目、征引的格式等，都是体例的具体表现。

为了深入探求书在人类进步中所起的作用，我们对书的世界还需作进一步的解析。

二、知识的源泉

高尔基曾说：“热爱书吧——这是知识的泉源！”（《高尔基论青年》第 251 页）是的，人们从书中可以得到丰富多彩的知识，书是人类知识的宝库。然而，从总体上看，书并不是知识的泉源，书不能创造知识，书中的知识是人创造的，人才是知识的真正泉源。

那么，人的知识又是从哪里来的？这是一个久远而常新的课题。孔子曾说“生而知之”和“学而知之”，把知识的来源说成一是来自于天生，一是来自于人的后天学习。在孔子死后 500 年，东汉思想家王充极力反对人能生而知之，认为人“不学不问不能知也”，主张的是学而知之。“生而知之”给知识染上了一层不可验证的神秘主义色彩，然而，对于一个务实的民族，它在中国哲人的思想里，并不占有多么重要的地位。中国人强调学而知之，就连孔子本人也说，他不是一个一生下来就有知识的人，而是需要勤奋学习，才能求得知识的。

知识问题，包括知识的来源、知识的构成和进化等一系列问题，在西方哲学家的讨论中，一直是一个热门话题。且不追溯到柏拉图和亚里士多德时代，在欧洲文艺复兴以后，英国的古典经验主义和欧洲大陆的古典理性主义，就知识的来源问题，一直争论得很激烈。英国哲学家培根和霍布士认为人的知识起源于感觉、经验，这为后来的洛克所论证。法国哲学家笛卡尔主张“天赋观念”，强调人的知识或观念并不借助于感觉、经验，而是与生俱来的，先天的或天赋的东西，这为后来的贝克莱所继承发扬。而斯宾诺莎、康德、罗素、波普尔等人则认为，人的知识主要来自人的经验，但亦不完全来自人的经验，把知识学的研究推向深入。

英国哲学家洛克（1632–1704 年）对知识的来源进行了系统的阐述，认为知识来源于人的知觉和经验。他在《人类理解论》第四卷《知识通论》中写道：“所谓知识不是别的，只是人心对任何观念间的联络和契合，或矛盾和相违而生的一种知觉。知识只成立于这种知觉。”这里洛克强调知识来源于知觉，没有这种知觉，则人们只可以想象、猜度或信仰，而不能得到知识。在这一基础上，洛克进一步指出：假定人心如同一张白纸，没有一切标记，没有一切观念，那么它如何又产生那些观念？人在理性和知识方面所有的一切材料又是从哪里来的？洛克回答说：“它们都是从经验来的，我们的一切知识都是建立在经验上的，而且最后是导源于经验的。”（《人类理解论》中译本第 68 页）洛克这一有名的“白板论”将培根以来经验主义关于知识和观念起源于感性世界的基本原则作了详尽的论证。

与洛克相对立，唯心论者贝克莱（1685–1753 年）依据笛卡尔“天赋观念”的理论，提出人类知识来源于人心的观念。他说：“在任何一个观察过人类知识对象的人看来，显然这些对象或者是实实在在由感观印入的观念，或者是由于注意人心的各种情感和作用而感知的观念，最后，或者是借助于记忆和想象——即混合、分解或简单地表象那些由上述方法而认识的原始观念——而形成的观念。”（《人类知识原理》卷一）贝克莱否认感觉经验的客观内容和物的实在性，认为观念是唯一的实在和认识的来源，事物不过是感觉观念的集合，“它们的存在就是被感知”。

诚然，把知识的来源归结于人的观念，这就很难让人接受了，而经验主义者认为人心如同一块白板，一切知识都来自经验，这也不是一种很完善的说法。康德（1724–1804 年）在他的先验逻辑学说里，把知识理解为由质料和形式两种成分构成，质料（知识的具体内容）是从经验中产生的，形式（各种范畴）则是头脑里固有的、先验的，如因果性、必然性、时间和空间等先验的认识形式，质料只有靠先天形式去整理才具有条理性和规律性。所以，康德认为：“我们的一切知识都由经验开始，并不意味着我们的一切知识都来自经验。”（《纯粹理性批判》导言）在经验知识之外，还存在着人的先验知识。所谓先验知识“是指绝对地离开所有经验而独立存在的东西；与之相对的是经验的知识。经验的知识是经由经验获得的，并且仅仅在后天才可能的知识。先验的知识是那种没有掺进任何经验成分的东西”。（《纯粹理性批判》导言）

康德是不是最后解决了知识的来源问题？没有，这一讨论直到今天仍没有结束。波普尔则认为不存在终极的知识源泉，知识大都是通过事例、通过别人讲述、通过读书、学习怎样进行批判、学习怎样容纳和接受批判、怎样尊重真理而获得的。（波普尔《猜想与反驳》中译本第 39 页）

如果不是从纯哲学的角度来看，那么，波普尔的回答就是非常平易近人的了。自从人类有了书籍，人类生活的各个方面几乎都有记载，无论是人们的情感、思想和信仰，还是人们的观察、实验和发明，书中的内容，是后人知识来源的重要宝库。从这个意义上说，书是人类知识的源泉。

——选自《影响中国历史的 30 本书 · 引论》，武汉大学出版社，1990 年版，第 1–6 页。

博大的殿堂：典籍综述

典籍的文字

中国是个多民族的国家，有多种多样的民族典籍，除汉文典籍外，我国还有蒙古、藏、维吾尔、彝、傣、纳西、满、女真、契丹等少数民族文字的典籍。

汉文典籍在我国典籍宝库中历史最为悠久，使用面也最广。要了解这些数量众多的典籍，首先需要了解这些典籍所使用的文字，即汉字在历史上所发生的变化。根据文字学家们的研究，汉字形体大致经历过如下几个阶段的演变：

（1）甲骨文，这主要是殷商时代的文字。

（2）金文，它是承甲骨文而发展起来的，在笔画和结构上比甲骨文简单些，主要为周朝的青铜铭文。

（3）篆书，分大篆与小篆两种。西周宣王时，太史籀著大篆文字十五篇，即《史籀》。史籀大篆后为秦国所沿用。春秋战国时的东方列国，所使用的文字也都是从西周文字而来，只是后来随着时间的推移和地区的差别,各国文字在形体风格上相去越来越远。东方列国的文字，汉代人称其为“古文”，如流行于晋人活动范围的科斗（亦作蝌蚪）文；流行于楚、越等地的鸟书等。秦朝统一后，秦始皇采纳丞相李斯的建议，“书同文字”，“罢其不与秦文合者”，以秦文字为标准文字，禁绝古文。与此同时，李斯作《仓颉篇》，中车府令赵高作《爰历篇》，太史令胡母敬作《博学篇》，三书“皆取史籀大篆，或颇省改，所谓小篆者也”。这些小篆成为秦朝官方的标准文字。小篆之外，当时还有其他书体存在，许慎在《说文解字·叙》中包括小篆共列有八种文字：“一曰大篆、二曰小篆、三曰刻符、四曰虫书、五曰摹印、六曰署书、七曰殳书、八曰隶书。”篆书繁复难写，只用于诏版、刻石之类隆重的场合，事实上当时社会上普及的文字是隶书。

（4）隶书，《汉书·艺文志》称隶书：“起于官狱多事，苟趋省易，施之于徒隶也。”隶书简便易写，秦以后即普及全国。隶书的出现，使汉字象形的面貌消失，不再带有图画的色彩，变成了纯符号性的交际辅助工具。

（5）草书，是同隶书并行的一种字体，是隶书的潦草写法。

（6）楷书，从东汉开始使用，一直沿用到现在。

（7）行书，形成于魏晋，沿用至今，它使用最为普遍。

在各种形体的汉字中，又有繁简、异体的区别。汉字形体的变化规律总是由繁趋简，从不规范走向规范化。

典籍的载体

我国典籍载体形式的变化有如下几个阶段：

（1）兽骨和龟甲，主要为商和周初时期的书写材料。目前发现的商代甲骨文献约10万片，周代甲骨文献306片。现在的研究表明，原始甲骨材料是需要经过必要的处理，才可作为文献的载体来使用。文字或是用刀刻上去，或是用毛笔书写上去，或是先写后刻，各种情况都是有的。如果卜辞或记事的内容较长，一块甲骨片容纳不下，也可刻在若干块甲骨片上。这种成套的甲骨文献对后来书籍的形成或许产生过一定的影响。有些甲骨片上有孔，因此有人推测，甲骨文献中有部分可能穿装成册，有些甲骨文献写成后，还进行过艺术装饰。这些都会使人联想到后来的书籍装帧。

（2）金属和陶泥，作为书写材料，源于殷商，盛于西周。西周的铭文资料在文献史上具有重要地位。如西周早期的《利簋》《大丰簋》《何尊》，康王时期的《大盂鼎》《宜侯夨簋》，穆王时期的《班簋》，恭王时期的《史墙盘》，西周后期的《散氏盘》《大克鼎》《禹鼎》《毛公鼎》等。

（3）玉、石。大约在商周时代，我国就有用玉、石作为书写材料的，直到今天仍有沿用。石刻文献在我国极为丰富，多次发掘出了商周时期的石刻文献。秦汉之际，石刻之风极为盛行。从内容上看，石刻包括墓碑、墓志、刻经、造像、题名题字、诗词、杂刻等。秦国石鼓文距今约有 2500 年，反映了当时贵族的游猎、游乐生活。秦国的“诅楚文”也是刻石文献的早期作品。秦始皇统一后，曾先后 5 次出巡，于峄山、泰山、琅邪、芝罘、东观、碣石、会稽等处刻石以记功德。在陕西汉中褒谷石门隧道内与周围崖壁上，有东汉至清历代摩崖石刻百余品，这些石刻是研究我国古代栈道和水利设施的珍贵资料。

玉、石文献的另一形式是盟书。盟书也叫盟载或载书，目前发现的盟书都是约 2500 年前春秋时期的遗物，它们出土于山西侯马和河南温县，这些盟书都是用毛笔书写的。先秦古文字体，行文方式一般自上而下，由右及左，并有标点符号的出现。字迹一般为红、黑两种颜色。书写的材料有玉，石两种，石质占多数，形制以上尖下方的圭形为主。

（4）竹、木。竹简与木牍是我国 3、4 世纪前最主要的书写材料，现在还不知道竹、木之始用于书写的确切年代，目前发现的最早简牍实物是战国时期的，但据文献记载，在此之前我国就有用简牍作为书写的材料了。

（5）缣帛，用于书写，大约始于春秋时代，以后一直沿用，是纸发明前的一种比较重要的书写材料。目前发现最早的帛书实物是长沙子弹库战国楚帛书。1973 年在长沙马王堆 3 号汉墓中，出土了大量西汉早期的帛书，这使我们对汉代帛书的形制有了一些初步的认识。

（6）纸，发明于汉代，自晋以后，为我国最主要的书写材料，也是目前世界上最主要的书写和印刷书籍的材料。

典籍的书写、印刷与装帧

书写形式与印刷形式的变化是中国文献物质形态发展的又一体现。在甲骨文献时期，书写的方式是笔墨书写与刀刻并用。青铜器上的铭文大多是铸造的，较少的是直接雕刻上去的。而玉、石作为书写材料，也是雕刻和书写的方式兼用。简牍、缣帛、纸等，则是用笔书写的，这是在印刷术发明以前的情形。印刷术发明后，文献则主要是以印刷形式出现的，我国印刷术有雕版印刷、活字印刷和机械印刷等形式。雕版印刷始于唐代，到了北宋，又有活字印刷术的发明。鸦片战争后，西方机械印刷术传入中国，便逐步成为书籍印刷的主要方式。

装帧形式的变化也是中国文献物质形态发展的重要表现之一。装帧与书写材料是有关系的，用甲骨、金石作为书写的材料，大概还谈不上需要装帧。装帧形式主要是体现在简牍文献、缣帛文献和纸书上。简牍文献是用丝绳、麻绳等竹简或木片编联一起成为一册的，而后从册尾向前卷起，装在布套内。缣帛文献写好后，多数是卷在竹木条上，也有折成方形，盛于盒内。纸书的装帧有多种形式，有类似帛书的卷轴装。卷轴装到了隋唐改进为经折装，即把书纸向左向右一反一正反复折叠成长方形的折子，再在前后分别加上两块硬纸作为封面和封底。此外，在唐代还有一种旋风装，具体形式有几种说法，根据李致忠的研究认为，其装帧办法是“用一张比书叶略宽的长条厚纸作底，而后把写好的书叶，除第一叶因单面书写，须全幅粘裱于卷端之外，其余所有双面书写的书叶，均要将右端无字窄空白处，鳞次相错地粘裱在首叶末尾的空白卷底上。打开展阅，可以逐叶翻检；不用时，从头至尾地卷起”。印刷术普遍使用以后，书籍实行蝴蝶装、包背装和线装。蝴蝶装是将每一印叶，由书口向内对折，然后将每一折背粘连在一张裹背纸上，再装上封面，便算完成了。到了元代，流行包背装，即将书叶有字的一面向外对折，折好的书叶叠在一起，于书叶两边的余幅处打眼，用纸捻装订，再加上包装的封面。明代开始流行线装，与包背装类似，但不用整纸作为包背的书衣，换成封面与封底，然后用线装订。到了近代，机器印刷书籍，装帧方式也改为平装和精装，并一直沿用至今。

典籍的编辑、流传与收藏

典籍从零散的单篇到完整的书籍，这就需要经过编辑和制作。我国在春秋以前，很多典籍都是单篇流传的，到了春秋时期，才逐渐形成一本一本的书。据有关记载，孔子曾对《尚书》《诗经》进行过编辑，使那些原是散乱的诗文成为一本定型的书。自此以后，典籍编辑工作有了逐步的发展，一些诗文集、类书、丛书等，都是经过编辑整理才得以问世的。清代编《四库全书》时，设有纂修官，专责《四库全书》的编辑与审订，并有一定的编辑程序。近代以来，编辑才作为一项专职工作而独立，主要从事图书手稿的审读、加工、编选等工作。

编辑一般是指对典籍内容的审读和加工，而制作，则是对典籍形式而言的。应该说，有图书的问世，就有图书的制作过程。早期的甲骨、金石、竹木等原始材料，使其成为刻写材料就需要经过必要的制作。一部手稿要变成一本书，并有一定数量的复本，这都需要经过一番编审、抄写或印刷。早在东汉就有以抄书为业的人，称“佣书”，这是早期的图书制作。到了印刷术发明后，制作过程就更加专门化和程序化了，有专门的雕版或排字、校对、印刷、装订工作。近代以来，机器印刷术的使用，专门从事排字、校对、制版、机器印刷和装订的工厂开始普遍，图书的制作逐步机械化，图书生产的时间不断缩短，质量也不断提高。

文献或图书仅是手稿，这就限制了它的流传，只有制作成一定数量的复本，它的传播才能普及。印刷术发明前，典籍的流传是靠手工辗转抄录的。随着文化的普及，人们对书籍的需求增多，从而出现了卖书的专门机构，即书肆。印本书出现后，书肆或书坊既卖书又刻书，在唐代，这类机构就较为普遍了。宋以后，书业买卖十分繁荣，典籍流传愈益广。

典籍的问世，就会有典籍的收藏。根据我国典籍收藏的情况，可以将藏书分为公藏、私藏、寺庙藏书、书院藏书、道藏、佛藏六大系统，其中以前两种更为重要。商代，文献就被有意识地保存起来，这是藏书的开端。在周朝，就有了专事国家典籍收藏的职业。秦汉之际，官府藏书已有了相当的规模。从现存的一些目录中，我们知道中国古代历朝都有十分可观数量的藏书。近代以来，政府和一些教育机构都设有图书馆，藏书也都十分丰富。这些都可视为公藏。私人藏书大约始于周代，以后有逐步的发展。到了唐代，私人藏书更为普遍，藏书更加丰富，当时藏书在万卷以上者就有近 20 家。宋代，私人藏书之风渐盛，明清便达到了极盛。这些私人藏书家为中国典籍的搜集、保存做出了突出的贡献，明清许多私人藏书一直流传至今。

从六略到七录

学术的发展和图书文献的增多，为图书文献的分类奠定了基础。西汉成帝时，刘向等人整理政府藏书，刘歆在此基础上编成我国第一部综合性图书目录《七略》。《七略》将图书典籍分为六略38小类，其具体类别是：

六艺略：易、书、诗、礼、乐、春秋、论语、孝经、小学

诸子略：儒、道、阴阳、法、名、墨、纵横、杂、农、小说

诗赋略：屈原赋之属、陆贾赋之属、荀卿赋之属、杂赋、歌诗

兵书略：兵权谋、兵形势、兵阴阳、兵技巧

数术略：天文、历谱、五行、蓍龟、杂占、形法

方技略：医经、经方、房中、神仙

这六大部是以学术性质分类的，其中的各小类则是依思想流派或体裁的不同来划分的。姚名达将《七略》分类编目的义例概括为：一、依学术性质分类；二、同类书约略依时代之先后为次；三、书少不能成一类者，附入性质相近之类；四、学术性质相同者，再依思想派别或体裁之歧异分类；五、一书可入二类者，互见于二类；六、一书中有一篇可入他类者得裁篇别出；七、摘录叙录之纲要；八、有书目而无篇目；九、每种书目之后有小序，每略有总序。但《七略》的分类方法并不精密，正如姚名达所指出的："《诸子略》以思想系统分，《六艺略》以古书对象分，《诗赋略》以体裁分，《兵技略》以作用分，《数

术略》以职业分，《方技略》则兼采体裁作用，其标准已绝对不一，未能采用纯粹之学术分类法，以致学术混沌不明，贻害千载。后世目录之分类，无论正统派或别派，无不深受《七略》之影响，百变不离其宗。此固政治力量束缚思想自由有以致然，而《七略》之始作俑亦不能无过也。”姚氏的看法可以称得上既独到又有远见。

《七略》一书已佚，其大要保存在《汉书·艺文志》里。《汉书》列艺文志，开创了修史编制艺文志或经籍志的先例。后来的一些正史，郑樵的《通志》、马端临的《文献通考》等都有艺文志或经籍志，为我们认识中国学术的发展和中国文献的发展、积聚、类别等，都提供了极为珍贵的材料。

刘歆的《七略》写成于公元前6至5年间，此后经过了500余年，典籍有了很快的发展。典籍的发展就会使典籍类目发生变化，反映这一变化的代表性目录是梁代阮孝绪编的《七录》。这部书目对当时6000多种图书进行了分类，其具体类目是：

经典：易、尚书，诗、礼、乐、春秋、论语、孝经、小学

记传：国史、注历、旧事、职官、仪典、法制、伪史、杂传、鬼神、土地、谱状、簿录

子兵：儒、道、阴阳、法、名、墨、纵横、杂、农、小说、兵

文集：楚辞、别集、总集、杂文

术技：天文、纬谶、历算、五行、卜筮、杂占、刑法、医经、经方、杂艺

佛法：戒律、禅定、智慧、疑似、论记

仙道：经戒、服饵、房中、符图

这里将图书典籍分为7大类55小类，编者在《七录·序》中对各类类名的确立与顺序都作了详细的讨论。王重民在评价这部目录时说：

“《七录》达到了这一时期中全国综合性系统目录的最高峰。”而且，它还为我们了解《七略》到《七录》这500余年间中国典籍的发展和典籍类别的演变提供了极其重要的依据。

四部分类法

《七录》之后又过了100余年，到了唐初，魏征等人修撰《五代史志》(该书附入《隋书》，又称《隋志》)，列经籍志四卷。《隋书·经籍志》的问世，标志着中国图书四部分类的确立。其四部分类法是受到荀勖《新簿》和李充《四部目录》的影响。西晋学者荀勖在整理图书的基础上，编制目录《新簿》，总括群书，分为四部，一为甲部，纪六艺及小学等书；二为乙部，纪古诸子家、近世子家、兵家、术数；三为丙部，有史记、旧事、皇览簿、杂事；四为丁部，有诗赋、图赞、汲冢书。到了东晋，李充又以四部分类法编制图书目录《四部书目》，他将《新簿》乙、丙的位置调换，史书改为乙部，子书改为丙部，至此，经、史、子、集四部的位置始定。《隋书·经籍志》沿用四部分类，四部各以经、史、子、集之名冠之，这是文献史上第一次出现经、史、子、集的类名，它概括了各部书的性质，对后世目录有十分深远的影响。

《隋书·经籍志》将各种图书分为四部40类，又附道经四类，佛经11类，共55类，其具体类别是：

经：易、书、诗、礼、乐、春秋、孝经、论语、谶纬、小学

史：正史、古史、杂史、霸史、起居注、旧事、职官、仪注、

刑法、杂传、地理、谱系、簿录

子：儒家、道家、法家、名家、墨家、纵横家、杂家、农家、小说家、兵法、天文、历数、五行、医方

集：楚辞、别集、总集

附道经：经戒、饵服、房中、符录

附佛经：大乘经、小乘经、杂经、杂疑律、大乘律、小乘律、杂律、大乘论、小乘论、杂论、记

《隋书·经籍志》以后，各正史艺文志或经籍志都是以四部来类分图书的，历代官修书目和私修书目中大部分都是采用四部分类法的。本世纪 20 年代修成的《清史稿》，其中的艺文志也是承继《隋书·经籍志》的遗规。《隋书·经籍志》的四部分类法，在中国典籍史上沿用达 1300 余年，影响至为深远。

自《隋书·经籍志》问世以后的 1000 余年间，我国文献虽有很大的发展，但在官修书目中仍未突破四部分类的体系，图书种类的增损变化，只是在四部各类中得到反映。可以看到，我国图书类别的最后确立与完善，是在 18 世纪末编成的《四库全书总目》中得到了突出的体现。

1773 年，清政府四库全书馆在编辑《四库全书》的同时，开始编撰《四库全书总目》。参加这部目录纂修工作的前后不少于 300 位著名学者和目录学家，他们经过长时间的编写、修改、补充，直到 1793 年才由武英殿刊版印行。总目共 200 卷，是我国古代最大的一部官修书目。该目仍沿用四部分类法，对 10000 余种图书进行了分类和著录，每书还作有提要。其具体类目如下：

经：易、书、诗、礼（周礼、仪礼、礼记、三礼总义、通礼、杂礼书）、春秋、孝经、五经总义、四书、乐、小学（训诂、字书、韵书）

史：正史、编年、纪事本末、别史、杂史、诏令奏议（诏令、奏

议)、传记(圣贤、名人、总录、杂录、别录)、史钞、载记、时令、地理(总志、都会郡县、河渠、边防、山川、古迹、杂记、游记、外纪)、职官(官制、官箴)、政书(通制、典礼、邦计、军政、法令、考工)、目录(经籍、金石)、史评

子:儒家、兵家、法家、农家、医家、天文算法(推步、算书)、术数(数学、占候、相宅相墓、占卜、命书相书、阴阳五行、杂技术)、艺术(书画、琴谱、篆刻、杂技)、谱录(器物、食谱,草目鸟兽虫鱼)、杂家(杂学、杂考、杂说、杂品、杂纂、杂编)、类书、小说(杂事、异闻、琐语)、释家、道家

集:楚辞、别集、总集、诗文评、词曲(词集、词选、词话、词谱词韵、南北曲)

全目四部44类65个子目,比较全面地反映了19世纪以前我国图书的面貌和类别。《四库全书总目》问世以来,200年间,在社会上产生了极为广泛的影响。作为一部官修目录,其成就达到了前所未有的水平,正如清代目录学家周中孚在他的《郑堂读书记》中所说:“窃谓自汉以后,簿录之书无论官撰、私著,凡卷第之繁富,门类之允当,考证之精审,议论之公平,莫有过于是编矣。”正因为如此,此目一出,许多官、私目录纷纷模仿,如《天一阁书目》《爱日精庐藏书志》《铁琴铜剑楼藏书目录》《皕宋楼藏书志》《八千卷楼书目》等,无论是分类、著录、考证方面,还是在提要的撰写方面,都受到了《总目》的影响。时至今日,许多图书馆在分类古籍时仍使用《总目》的分类表。此外,中国目录学家们素来崇尚“辨章学术、考镜源流”的宗旨,作为一部优秀的图书目录,《四库全书总目》“直承刘向叙录之绪,已具辨章学术、考镜源流之用”,对学术研究极有参考价值。同时,这部目录对我国士子的求知读书也有深远的影响。

新分类法的诞生

鸦片战争以后，我国图书的类别结构发生了很大的变化。大量的译述活动带来了许多新思想、新学术的图书，这些图书在传统的分类法中找不到适当的位置，因此，社会需要新的分类法的诞生。

1896 年，梁启超编撰《西学书目表》4 卷，集中反映了我国在 19 世纪后期翻译西方图书的情况。这个书目表与传统分类法有重大差异，其具体类目是：

西学：算学、重学、电学、化学、声学、光学、汽学、天学、地学、全体学、动植物学、医学、图学

西政：史志、官志、学制、法律、农政、矿政、工政、商政、兵政、船政

杂类：游记、报章、格致总、西人议论之书、无可归类之书

它在体系上还很不完善，一些类名也不够准确，“但从学、政、杂三大类的建立，人们已经可以模糊地看出在一部图书分类法中划分自然科学、社会科学、综合性图书三大部类的雏型”。这是对传统分类法的否定，表明在中国历史上使用了 1700 余年的四部分类法已不能适应新形势的需要了。《西学书目表》的问世为新式图书分类法的建立和新类名的确定奠定了基础。

20 世纪 30 年代，我国出版了好几部专以反映新书的目录，其中以 1935 年生活书店出版的《（生活）全国总书目》为好。这部书目比较系

统地反映了辛亥革命以后至1935年间我国出版的20000余种新书，在分类和类名上都有创新。书目共十大类：(1)总类；(2)哲学；(3)社会科学；(4)宗教；(5)自然、社会科学（凡跨过自然科学与社会科学两大领域而不能纯属于两者之一的科学，如自然与社会的综合进化论、人类学、民族学、优生学、生育节制、心理学均入此类）；(6)自然科学；(7)文艺；(8)语文学；(9)史地；(10)技术知识。这个书目分类法的建立，正如编者平心所说：是“在不违反学术与新知识的系统的原则下，暂定一个自由的切合理论与实际的分类法”。因此，它能比较真切地反映当时图书的实际情况，也是我国图书学科分类的标志。

历代著作的统计

我国历代著述繁多，存佚情况复杂，对其数量很难作出精确的统计。1946年，文献学家杨家骆发表《中国古今著作名数之统计》一文。作者根据各正史艺文志、经籍志及清以来各补志等材料，又参取其自著《丛书大辞典》等有关著述，对中国历代著作数量作了一次统计。

根据上述材料，现将各代年数、著作部数、卷数、平均每百年著作部数、下一朝代对上一朝代的著作部数增长率如下表（见《中国历代著作统计表》）。

以上统计仅是图书的数量，尚不是文献的全部。图书以外，目前出土的甲骨文献有16万片，带有铭文的商周青铜器上万件，石刻资料约20万件，发现的简牍约4万枚，敦煌遗书约5万卷（件），吐鲁番文书 2700 多件，历史档案约 3000 万件，尚不计海外和非档案馆单位所藏的历史档案。此外，近代以来，我国还出版印刷了大量的报刊文献和内部资料。

中国历代著作统计表

朝代	年数	总著作部数	总著作卷数	平均每百年著作部数	增长率
西汉及西汉以前（公元 25 年前）		1033	13029	138	
东汉年（25-220 年）	195	1100	2900	564	309%
魏晋南北朝隋（220-618 年）	398	10654	70304	2679	375%
唐五代（618-960 年）	342	10806	185074	3160	18%
宋（960-1279 年）	319	11519	124919	3611	14%
西夏辽金元（906-1368 年）	462	5970	52891	1292	-64%
明（1368-1644 年）	276	14024	218029	5081	293%
清（1616-1911 年）	295	126649	1700000	42932	745%
民国抗战前（1912-1937 年）	25	71680	91378	286720	568%

延伸阅读

文本变迁与阅读习惯

——节选自《时代转型 阅读永恒》

我曾在一些文章中讨论过这一话题。书籍载体形式的每一次变化，都极大地改变着人们的阅读习惯，从甲骨到简策，从简策到纸本，从手抄到雕版，从雕版到机器印刷，从纸本到电子本。文本的变迁带来阅读的转型，这是我们不得不面临的事实。近一千年来，我们面临过几次重要的阅读转型。

11 世纪以前，抄书是一种职业，如班超就是抄书人。汉代置有专门的“写书之官”,后来历代都有抄书的活动。不少私人藏书、官府藏书、寺庙藏书、书院藏书，都有专人进行抄书。即便在印刷术发明后，我们还能看到一些知名抄本传世，如《永乐大典》《四库全书》。明代官府藏书中，有书近百万卷，刻本只占三分之一，抄本则占了三分之二（参见《明史·艺文志总序》)，可见抄本并没有因印刷术的发明而消亡。不仅中国如此，在西方，不少图书馆、修道院、学校都有专职的抄书人，8 世纪的法国就要求抄写员应注意勿令本身的浮薄习气散布在所抄的字里行间，也不得轻率抄写，以免在匆忙之中产生错误。当时，抄写书籍被认为胜于栽植葡萄，因为后者仅能满足口腹，而前者则是为灵魂效劳，十分神圣。直到 16 世纪后，抄写员才在西方逐渐失业（参见 Georgges Jean《文字与书写》第四章：从抄写员到印刷工，上海书店出版社，2001 年汉译本）。作为一种职业，抄书人消失了。作为一项活动，抄书之事并非遥远，我本人就有过抄书的经历。

在古代，抄书不仅是为了复制图书，它还是一种读书的重要方法。北宋时期，正是雕版印刷术的普及时期，苏轼（1037–1101 年）适逢其时，理应欢欣，但他对雕版印刷物对阅读的冲击却迷惑不解。他在《李氏山房藏书记》一文中说：

自秦汉以来，作者益众，纸与字画日趋于简便，而书益多，世莫不有。然学者益以苟简，何哉？余犹及见老儒先生，自言其少时欲求《史记》《汉书》而不可得，幸而得之，皆手自书，日夜诵读，惟恐不及。近岁，市人转相摹刻诸子百家之书，日传万纸。学者之于书，多且易致如此，其文词学术，当倍蓰于昔人。而后生科举之士，皆束书不观，游谈无根，此又何也？

苏轼前辈学人以抄读为主，到苏轼的时候，印刷术普及，图书多而易得，后学却不读书了，让这位大文豪慨叹不已。

此后的八百年，中国的读书人，在没有大变化的书籍世界中度过。他们幸福的读书生活，令人向往。即便身处乱世，亦在书中寻得快乐。试举李清照一例。宋赵明诚、李清照夫妇，早年生活优裕，至中年，逢靖康之变，明诚逝世，清照流离。虽如此，夫妇二人曾有过的藏书读书生活，载在史册中，感动后世的读书人。李清照在为赵明诚《金石录》所作的《后序》中，描写他们藏书读书的情景：

后屏居乡里十年，仰取俯拾，衣食有馀。连守两郡，竭其俸入以事铅椠。每获一书，即同共勘校，整集签题。得书画彝鼎，亦摩玩舒卷，指摘疵病，夜尽一烛为率。故能纸札精致，字画完整，冠诸收书家。余性偶强记，每饭罢，坐归来堂烹茶，指堆积书史，言某事在某书某卷第几页第几行，以中否角胜负，为饮茶先后。中即举杯大笑，至茶倾覆怀中，反不得饮而起。甘心老是乡矣！故虽处忧患困穷，而志不屈。

收书既成，归来堂起书库大橱，簿甲乙，置书册。如要讲读，即请钥上簿，关出卷帙。或少损污，必惩责揩完涂改，不复向时之坦夷也。是欲求适意而反取憀慄。余性不耐，始谋食去重肉，衣去重采，首无明珠、翡翠之饰，室无涂金、刺绣之具，遇书史百家，字不刓缺、本不讹谬者，辄市之，储作副本。自来家传周易、左氏传，故两家者流，文字最备。于是几案罗列，枕席枕藉，意会心谋，目往神授，乐在声色狗马之上。

词人用她那独特清婉的笔，再现了夫妻读书生活的快乐。其乐也，乐在声色狗马之上。

中国读书人的读书生活，到了19世纪末悄悄发生了变化。这不仅是因为印刷术的变革，而且还在于西学的引进与新式教育的普及。

随着机械印刷术的普遍应用，图书出版更加快捷，报纸杂志等一些大众读物也不断增多，这对传统阅读带来了很大冲击。而西学引进与新式教育的开展，阅读的内容也变得比以往更为丰富多样。从阅读的形式上看，过去强调高声朗诵、熟读成诵，而此时大多数人只是默读、泛泛浏览。然而还不到百年，技术革命与书籍载体的变化，让我们目不暇接。今天从电视荧屏到电脑荧屏，再到手机荧屏，我们生活在一个荧屏的时代。我们对着荧屏说话、游戏、工作、购物或聊天，我们还对着荧屏读书！

这次转型的影响差不多涉及到每一位读书人。自上世纪90年代以来，我在教学中，与学生们就读书或阅读的转型问题展开过多次讨论。1995年，我与研究生们曾就古籍翻译与阅读、双休日读书、荧屏时代的读书等问题，以笔谈的形式在《光明日报》上发表文章，以期人们对阅读的关注。当时网络还不普及，我们所说的荧屏主要指电视、卡拉OK等。其实，读书是否重要，阅读是否有情趣等话题，自古以来就有分歧。我们在《荧屏时代谈读书》的笔谈中，当时一位研究生就说，我们何苦为读书唱挽歌？她说：

中国自古就有“不为功名不读书”的说法。今天，仍然有不少人在为学业或需要而苦读。至于说到读书的情趣，也是那些有了生活保障并有较高文化素养的少数人的事，与普通百姓似乎无缘。一些人拿起书本不是打瞌睡，就是为读不懂或文字晦涩而苦恼，何乐之有？而影视则不同，它形象直观、声情并茂，使人在紧张的工作之余得到休息和放松，生动的内容和丰富的色彩，真正给人以乐趣和美的感受，更不用说它知识新、传递信息快、让人们开阔眼界了。既然时代已为我们提供较读书更令人陶醉、令人着迷的新事物，我们又何苦为那渐被冷落的读书唱挽歌呢？时代的变迁，科学的发达，影视传媒必将以其极大的优越性和不可抗拒的诱惑力征服整个人类。到那个时候，人们大概再也不会谈论“电视杀手”的问题了。

这是一种真实的感受，直到今天，仍然是我们面对很多人的感受。而谈论读书，是不是读书人自说自话罢了？

阅读的热情与是否具备读书的习惯，与一个民族的特性相关。网络的普及，正在逐渐改变着人们固有的阅读习惯。从读书的热情到读书人口率的下降，从读纸本到读网络，以及读什么、大众阅读等一系列问题，一直是不少人关心的问题。近十年来，我曾就经典阅读与选择、推荐书目、信息时代与阅读、阅读文化、社会阅读等问题发表文章，表达对经典阅读或读书的重视。其实，是读书还是读网，这或许并不重要，重要的是，读什么内容。阅读习惯的改变，是不可阻挡的历史潮流。

——原文为在东莞图书馆与《光明日报》合办的“光明讲坛”讲稿，原载《光明日报》2010 年 4 月 22 日。

先民的智慧：汉籍的早期形式

甲骨文献

商王朝有六七百年的历史，即从公元前18世纪末到公元前11世纪。商朝流传至今的文献资料主要有甲骨文献，除此之外，尚有少量的文字资料遗存。甲骨文献是商朝后半期王室利用龟甲兽骨进行占卦时刻写的卜辞和记事。刻写在龟甲和兽骨上的文字称为甲骨文。

1899年，古文字学家王懿荣（1845–1900年，山东福山人）从中药“龙骨”上发现了甲骨文。自此以后，甲骨文开始被学者们所重视。原来，世人不知甲骨文献出自河南安阳，经罗振玉多年留意探寻，直到1908年，方知甲骨文献出自安阳小屯。又经过不少学者的考证，认定小屯一带就是晚商的都城，亦即是古书上称之为“殷墟”的地方，甲骨文献实为殷朝王室的遗物。

目前著录甲骨文献最完备的书是《甲骨文合集》，中国社会科学院历史研究所先秦史研究室编，郭沫若主编，胡厚宣总编辑，从1979年开始由中华书局陆续出版。全书共13册，收录材料，包括了80年来国内外出版的著录书和分散在国内外甲骨实物的拓本。全书从 10 万多片的甲骨中选出 41956 片加以著录，几乎齐备了甲骨文献中的重要原始材料。《合集》将所收甲骨分为五个时期：第一期为武丁时期，第二期为祖庚、祖甲时期，第三期为廪辛、康丁时期，第四期为武乙、文丁时期，第五期为帝乙、帝辛时期。每期之下，又以商代社会历史的内容分为阶级和国家、社会生产、思想文化、其它四大项，下分 22 小类。科学的编排为人们研究和利用甲骨文献提供了方便。

甲骨文献是用甲骨文写的。甲骨文在商代的使用比较普遍，不仅仅限于殷王室的占卜，外地的殷贵族也使用它。就现在所知，甲骨文的单字有 4500 个左右，已识者在 2000 个左右，不识者在一半以上。有人认为，甲骨文献中使用的文字并不是殷代文字的全部，由于程式的限制没有机会被卜辞所使用到的字一定还有。

甲骨文是用铜刀或石刀刻写在甲骨上的，所以笔画细而硬，多用方笔。圆笔较少。文字大多刻得规整美观，字大者径逾半寸，字小的细如芝麻。从目前对甲骨文的研究情况看，甲骨文基本上具备了“六书”的各种构字类型。指事、象形、会意、形声、假借、转注，在甲骨文中都可以找出不少的例证，文法也和后代的相同，因此可以说，甲骨文已经是具有严密规律的文字系统。郭沫若说：“中国文字，到了甲骨文时代，毫无疑问是经过了至少三千年的发展的。”甲骨文字虽然已是“六书”具备，离草创时期已很遥远，但尚在发展变化之中，并未全部定型，不同时期的甲骨文，字体风格亦有所异。在目前发现的晚商甲骨文中，早期的甲骨文，字体风格雄健豪放，线条略粗，形体略似金文。中期形体柔弱，有些字草率颓靡，笔画混乱，常常有颠倒、讹误，表现出一种颓落的迹象。后期文字写得秀丽工整，类似蝇头小楷，排列也很整齐，有较高的书法契刻水平。甲骨文在书写上异体繁多，同一个字往往有几个写法甚至十几个、几十个写法。字的部件之间结合不严，结构位置不固定，书写比较自由，左右反正上下往往可以随意颠倒。此外，甲骨文中常常出现一种“合文”，“合文”不是合体的会意字或形声字，而是两个或两个以上的字刻写在一起，读时还要分开来读。

商代甲骨文献的刻写材料主要是龟甲和兽骨。龟甲主要用腹甲，也用背甲或改制了的背甲。兽骨最常见的是牛的肩胛骨，此外有羊、鹿、猪的胛骨。牛肋骨、牛距骨、鹿头骨也有所发现。还有在鹿头上刻辞和人头上刻辞。据陈梦家统计，有6片人头刻辞被发现，据认为，这是战败被俘的方伯酋长被杀，祭殷先王后，在其头盖骨上所刻。

据调查，龟甲中腹甲的大小以长18–30厘米、宽10余厘米为常见。最大的腹甲长达44厘米，宽有35厘米，最小的仅长11.5厘米，宽6.5厘米。背甲最大的长为35厘米，宽15厘米，最小的长27厘米，宽11厘米。改制的背甲大的长15–16厘米，宽5–6厘米，小的长12厘米，宽5厘米。兽骨以牛胛骨为大，其最大者长43厘米，宽28厘米。

甲骨在刻写前大多都是经加工整理的，因甲骨表面有一层柔韧的胶膜，刻字前需将其刮除，否则刻字时会出现积屑于字口。从出土的字骨表面观察，多有经过刮磨的痕迹；明卜骨在使用前是要经过一番砍、削、锯、锉、磨等整治过程的。具体做法是，龟甲先需锯开，修整腹甲，去掉表面胶质，然后锉平其高厚不平之处。背甲则有两种加工分式：一是从中脊平分对剖；一是对剖以后，又锯去近中脊凹凸不平之处和首尾两端，使成为鞋底形的改制背甲。牛胛骨及其他兽胛骨均有左右两块，先需锯去臼突，锉平背面高凸处，然后还要施以刮磨手续。

甲骨材料整治后即可刻写。就现在所知，当时刻写的工具约有三种：笔、刀和锥。殷人已使用毛笔，这从甲骨文中“聿”字或者以“聿”为偏旁的字可以得到证明。在1936年的殷墟第13次发掘中，曾发现不少甲骨文是用朱笔书写的。又 1932 年，殷墟第 7 次发掘，曾出土一片字陶，上边有一墨书“祀”字，锋芒毕露，证明殷代必定有了毛笔。通过对出土的甲骨文献的观察，判明大多甲骨文字是用刀刻成的，有些小字是用锥状工具划成的。1949 年前，曾在殷墟 186 墓里发现了两把龙形小铜刀，在一条生动活跃的龙的口里吐出一把小刀，非常锋利，龙身便是刀柄。据判断，这应是刻写甲骨文的工具。1949 年后，曾在安阳大司空村殷代文化层出土过几件青铜小刻刀，其中一件刻刀通长 5.63 厘米，前段刀身扁长，平刃宽 0.6 厘米，刃的两侧均为斜面形成对称楔角，后段为圆锥形。铜刀之外，有石、骨、玉器的刻划工具。在大司空，又出土两件小形铜锥，其中较大的一件通长 7.8 厘米，径 0.4–0.45 厘米，锥体四棱形，前部收为尖状。铜锥可充作刻划细线之用，如有些卜骨上的数字符号。

甲骨文献主要是记载了盘庚迁都以后晚商时期的历史，其中有很多反映商代军队和军事活动的内容。商的军队数量很大，甲骨文献有关征集兵员数量的记载常常是三、五千，最多一次曾达 13000 之多。这时已出现了战车，一般一车驾两马，车上三人。商王朝军队是商王对外扩张的重要工具。在战争过程中，商王朝获得的战俘，有的被杀，有的转化为奴隶。奴隶过着十分悲惨的生活，他们是商代农业的主要生产者。在甲骨文献里有奴、婢、执等身份的奴隶，又有女、妾、小女、小母等女奴。奴隶主死后，要杀死大批奴隶，作为他们的殉葬品。也有奴隶被杀是用来祭祀祖先的。奴隶大量逃亡在甲骨文献里也有反映。根据《卜辞通纂》430 号记载说，癸丑日贞人争问：这十天内没有灾祸吧？王看了卜兆以后，判断说：恐怕有灾祸。卜问的第二天，果然发生了不吉利的事。有一个叫左的人来报告王说：十二个畜牧奴隶从益这个地方逃跑了。这段卜辞记载的就是奴隶逃跑的情况。逃跑的奴隶一旦被抓回来，有的立刻用乱箭射死，有的被处以刖刑，有的被用来祭祀祖先，等等，刑惩十分残酷。

商王为了加强王权，在意识形态上的表现便是信仰上帝和神化王权。甲骨文献里已出现了“上帝”的概念,上帝在殷人眼里有很大的权威。比如，殷人认为上帝与对外战争有密切的联系，因此在军事行动之前，总是先贞问上帝授佑与否，并希望得到上帝的保佑。

根据甲骨文献及一些其他资料综合研究表明，商王朝连年征战疆域扩大了，许多边远地区的方国或部落都被征服了，他们必须承担商王的防边、征伐、进贡、纳税、服役等义务。商王朝成了一个幅员辽阔的强大的奴隶制国家，这就打破了传统的学术界认为殷人活动区域只限于黄河中下游地区的看法。事实上，商王朝的区域包括了现在的河南、山东、河北、辽宁、山西、陕西、安徽、湖北等省的一部分或大部分地区，这为我国统一的多民族国家的形成打下了初步的基础。

甲骨文献不仅在历史学领域发挥重要的作用，而且在研究古代科学技术方面也具有重要意义。在农业方面，我们通过甲骨文献知道殷人农作物栽培的全过程。在播种以前,首先要对耕种的土地分成若干块,每一块既是一定面积的田地，也是考察奴隶劳动的单位。农田已有一定的灌溉设施，并根据肥力情况采用了轮作制。甲骨文献中出现了“作籍”或“协田”等词，这或许就是大批奴隶在井田上整地的记录。商代农作物主要有小麦、水稻、黍、大豆、大麻等。

甲骨文献反映的内容是多方面的，从中我们还能看出殷人在天文、历法、数学、医学、畜牧业等方面都曾取得过十分杰出的成就。

甲骨文献在校订古文献方面，也有相当大的作用。例如《史记·殷本纪》中上甲以下六代的次序是:报丁、报丙、报乙、主壬、主癸、天乙，王国维根据卜辞的先公先王次序校正《殷本纪》三报的次序应是:报乙、报丙、报丁，数千年来史籍中的错误得到了纠正。王国维根据四方风名的甲骨文献，论证了《山海经》《夏小正》《尧典》被不少人认为是晚出的古籍，其中有不少地方的确有远古的史料，这就肯定了这些古书在某些方面的重要史料价值。

青铜铭文

甲骨文献以外，我国还有十分丰富的铭文材料，其中主要是青铜铭文材料。这些铸刻在青铜器皿上的铭文也称金文或钟鼎文，历来都很受考古学家、金石学家、历史学家的看重。青铜铭文直接留传后世的较少，大多是随着器皿窑藏地下或作为随葬品而被后人发现。在汉代，商周铭文时有发现，并被学者所利用。文字学家许慎就曾利用前代铭文与出自孔子宅壁中古文书相对比，说："郡国亦往往于山川得鼎彝，其铭即前代之古文，皆自相似。"魏晋南北朝时期，颜之推利用出土铭文校《史记》，得出令人信服的结论。宋代学者更加留心对铭文材料的搜集、整理与考证，并在此基础上形成了一门专门之学：金石学。

清以来不断有青铜铭文的发现，比较重要的有：道光年间出土于陕西眉县（一说岐山）的西周大盂鼎，其铭文 291 字；又在歧山出土西周武王时的大丰簋，铭文 70 余字。道光末年出土于陕西岐山的毛公鼎，是西周后期的青铜器，铭文近 500 字，是现存铭文最长的青铜器。光绪年间出土于陕西扶风的大克鼎也是西周后期的青铜器，有铭文近 300 字。民国年间，随着考古学的发达，商周铜器大批出土，在河南浚县、新郑，陕西周原地区，山西浑源等地发现了不少周代铜器，如 1942 年于陕西岐山出土的禹鼎，有铭文 200 余字。此外在河南新郑等地出土的莲鹤方壶、水陆攻战纹鉴等，都是见于著录的周代重器。

1949 年以后，发现周代的青铜器就更多了。据不完全统计，1949 年至 1980 年间，发现有铭文的西周青铜器就达六七百件，其中近 400 件出于关中地区，特别集中在西周的政治中心——周原、丰镐以及邻近的一些地方。这些铜器一部分出于西周墓葬，一部分出于窖穴。埋藏铜器的窖穴大都在居住遗址的附近，每窖埋藏数量少则几件，多则数十件，乃至百余件。

1960 年，在陕西扶风齐家村发现窖藏铜器 39 件，其中有铭文的 28 件；又在召陈村发现 19 件铜器，有铭文的 14 件；1963 年，扶风又出土铜器 12 件；1974 年，扶风强家村出土铜器 7 件，其中 4 件都有长篇铭文;次年在岐山董家村发现窖藏铜器 37 件,有铭文的 30 件;1976 年，在扶风庄白出土 103 件铜器，有铭文的 74 件，其中史墙盘铭文 284 字，是近期出土的铭文最长的西周铜器；1978 年又在扶风发现一批铜器，其中一件，底部有较长的铭文。

以上是周原地区西周铭文的发现情况，在陕西丰镐地区也有较多的西周铭文的发现。1954 年在沣东普渡村出土一组铜器，其中多件铸有长篇铭文；1961 年，在沣西张家坡村出土窖藏铜器 32 件，有铭文者 11 件；1973 年又在该村发掘出土铜器 29 件，其中有铭文的 10 件。

在周原、丰镐以外，也有不少周代铜器的发现。陕西宝鸡茹家庄曾发现大批西周铜器，计约 40 余件，有铭文的 23 件。1967 年在甘肃灵台白草坡发现西周铜器 24 件，有铭文的 22 件。另外，在北京房山县黄土坡村也发现了不少西周铜器，其中有不少铭文材料。1954 年在江苏丹徒、安徽屯溪等地也发现了西周铜器，其中丹徒发现的宜侯矢簋尤为重要，有铭文 120 多字。

东周铜器在洛阳、新郑、郑州、禹县，山东临淄、曲阜，河北平山，湖北随县，安徽淮南、寿县等地都有大批出土，其中平山和随县两地出土的铜器中，有丰富的铭文材料。1974–1978 年在平山发掘了战国中山王墓，在 1 号墓中出土了铁足大鼎、方壶和圆壶三器，外表镌刻史料价值很高的长篇铭文，共计 1099 字，这在战国铜器中尚属仅见。在随县曾侯乙墓中出土了大量的乐器，在编钟、钟架、编磬和木质磬匣上，都有字数不等的铭文，总计达 4000 字，这些乐律铭文的发现，极大地丰富了我们对先秦乐律学的认识。

青铜铭文是铸、刻在青铜器上的，用铸字的办法，先将铭文反刻在内范上，然后铸浇而成；刻字是先把器物铸好，再刻字。商代与西周的铭文大多是铸上的，到了春秋才出现刻铭，战国时期，刻铭就很普遍了。有些刻铭还用金相嵌，以加修饰。

周代青铜铭文的内容是多方面的：训告，分封诸侯，朝觐王室，王室的各种祭祀典礼、宴飨、狩猎，对方国的征伐，胜利的记功，世官尊荣，家族祭事、婚姻，乃至物品交换、诉讼等。这些铭文为我们提供了当时社会生活的各个侧面。

西周时期大批铭文的出现，多半与当时的政治形势有关。一方面，这些铭文是表示世袭贵族身份和地位的手段。周初的功臣贵族随着武王的军事胜利，很快地被分封授爵，成为大权贵，去管辖国家和广大地区。青铜铭文记载有周王任命的命令和被任命者对于王室的贡献。这种铭文犹如他们地位和职务的证件，具有护身符般的作用。另一方面，周人用青铜铭文大事宣扬文王、武王的善德和天命，歌颂他们在军事上的胜利。

春秋时代，多数青铜器铭文内容较简单，说明日常用器的铭文和记录联姻媵器的铭文较普遍。到了战国，大多数青铜器上不铸刻铭文，除个别长铭外，只有少数青铜器上有较简单的铭文，内容多为青铜器的名称、铸作年月、监造处所和工官名称等。

石刻文献

在青铜铭文之外，我国还有石刻文字材料。现在所见的是秦国襄公年间的石鼓刻辞，是目前我国现存较早的石刻文字。石鼓文字是刻在十块鼓形的石上，所刻书体为先秦的大篆，即籀文。石鼓原在陈仓（今陕西宝鸡）野外，唐初被发现。唐郑余庆始迁至陕西凤翔孔子庙中，经五代之乱又散失。宋代司马池知凤翔，搜集石鼓，置于府学门庑之下而失其一。宋仁宗年间，向传师搜访补齐。宋徽宗时运至京师开封，靖康之末，金人运到燕京，元代皇庆年间存放于国子监。清乾隆时，为保护石鼓文不再遭受损坏，命人仿刻一份，放在北京孔庙。原石现藏北京故宫博物院。

秦国另有三方刻石被发现，内容为秦王祈求天神制克楚兵，复其边城，所以后世称其为“诅楚文”。发现的三篇《诅楚文》一为《巫咸文》，宋嘉年间得于陕西凤翔开元寺土下，后置于太守便厅，徽宗时取归御府。全文 326 字，漫漶不可辨者 34 字。二为《厥湫文》，宋治平年间甘肃朝那农民耕地所得，全文 318 字。《亚驼文》全文 325 字。原石已佚，现有《巫咸文》《厥湫文》拓本传世，《亚驼文》虽有刻本，但系出于伪造。据考证，“诅楚文”是刻于秦惠文王后元十三年（公元前 312 年），文中所述史事多为旧书所无，有一定的史料价值。

在石刻文献中，有较大影响的是历代的石经。石经可分为儒、佛两类。儒家石经比较重要的有如下几种：（一）熹平石经，刻于东汉灵帝熹平四年（175），隶书，内容包括《尚书》《周易》《鲁诗》《仪礼》《春秋》《公羊传》《论语》等。（二）正始石经，刻于魏曹芳正始年间，用古文、篆书、隶书三体，故又称“三体石经”，内容包括《尚书》《春秋》《左传》（未刊全）。（三）开成石经，刻成于唐代文宗开成二年（837），标题用隶书，经文用楷书，内容包括《周易》《尚书》《毛诗》《周礼》《仪礼》《礼记》《春秋左氏传》《公羊传》《谷梁传》《孝经》《论语》《尔雅》，另附五经文字，九经字样。（四）广政石经，刻于五代蜀广政元年（938），又称“蜀石经”，楷书，内容有《孝经》《论语》《尔雅》《易》《诗》《书》《仪礼》《礼记》《周礼》及《左传》部分内容，北宋时续刻全《左传》，并刻了《公羊传》《谷梁传》和《孟子》。（五）北宋石经，刻成于宋仁宗嘉祐六年（1061），又称“嘉祐石经”，用篆、楷二体，故又称“二体石经”，内容有《易》《书》《诗》《周礼》《礼记》《春秋左氏传》《孝经》《论语》《孟子》。（六）南宋石经，是由高宗赵构楷书书写而刻成的，又称“宋高宗御书石经”，内容有《易》《诗》《书》《左传》《论语》《孟子》和《礼记》中的《中庸》《大学》《学记》《儒行》《经解》五篇。（七）清石经，刻成于乾隆年间，楷书，内容是《十三经》。佛教石经中比较重要的有：（一）山东泰山经石峪，刻《金刚般若波罗密经》，为北齐摩崖刻石，篆隶兼备，现存1043字。（二）山东邹县铁山摩崖刻石，刻《金刚经》等，刻成于北周时期，字体以变隶为主，篆、楷、行各体间有。（三）河北邯郸北响堂刻经洞。（四）北京房山云居寺石刻，隋末僧人静琬首先在此刻造石经，此后历代有人续刻，迄于清康熙三十年（1691）。现存经板14277块，刻佛经1000余部，3400余卷。

藏文石刻比较丰富，其中不乏史料价值的珍品，著名的《长庆唐蕃会盟碑》记述了唐朝和吐蕃会盟的重要史实，其中有很多重要人名和官职，是汉藏两族历史上友好往来的重要见证。又如《工布摩崖碑》镌刻了吐蕃赞普墀德松赞与其部首领工布噶布莽布支，为重申上一代赞普墀德松赞的盟誓、续证前盟的誓文。墀德松赞在吐蕃王朝虽是一位承上启下的人物，但在藏、汉文史籍中有关他的记载不多，碑文正好补充了这一缺陷。碑文还反映了吐蕃社会情况，在经济方面有对奴隶、农田、牧场的占有权益和上交贡赋差税所承担的义务，在文化方面有本教信仰的传统仪轨等，是研究吐蕃王朝后期历史的重要资料。此外，重要的藏文碑刻还有吐蕃王朝时期的《桑耶寺碑》《恩兰·达札路·恭纪功碑》《琼结墀德松赞赞普碑》，宋代的《西夏黑水建桥碑》，元代的《帝师法旨碑》，明代的《瞿昙寺圣旨碑》，清代的《康熙平定西藏碑》《乾隆十全武功碑》，民国时期的《诸那呼图克图碑》等。

简牍书籍

简牍是指中国古代遗留下来的写有文字的竹简和木牍。在先秦和秦汉时期，竹简和木片是主要的书写材料。从已出土的简牍知道，简牍的内容十分丰富，是我们研究中国经济、法律、军事等方面的重要历史文献。

已出土的简牍中，有战国时期的楚简，有秦简、汉简和魏晋时期的简牍，其中以汉代简牍为数最多。

20世纪50年代，在长沙曾三次发现战国时竹简，共得152枚，又在信阳战国墓中发现简牍117枚。六七十年代，考古工作者又在江陵战国墓中，三次掘得楚简，共得69枚。获得战国简牍比较多的一次，是在湖北随县曾侯乙墓中。1978年，发掘战国时代的曾侯乙墓，得竹简240多枚，共有6600余字，主要内容是丧仪所用车马兵甲的详细记录。

1975–1976年，在湖北云梦县睡虎地发掘了大批秦代简牍。在该地4号墓出土木牍2件，均两面墨书文字，内容为士卒黑夫与惊写的家信。这两封信。写于秦始皇二十四年，是我国出土最早的两封家信的实物。

著名的云梦秦简出土于该地11号墓。墓主是秦狱吏喜，始皇三十年下葬。这批竹简共1155枚，保存基本完好。经整理编纂，分为《编年记》《语书》《秦律十八种》《效律》《秦律杂抄》《法律答问》《封珍式》《为吏之道》和《日书》共9种。

我国唐代以前的法律已都散佚，这批秦代法律文书的出土，提供了我国时代最早、保存条目最多、内容最丰富而又有一定系统的成文法，它真实可靠地揭示了秦律的具体内容，反映了当时农业、官营手工业的情况。从秦律中看出，秦自商鞅变法至亡，土地归国家所有，实行授田、租田制度，国家役使大批奴隶臣妾在宫营土地上劳动。手工业和商业市场也归国家经营。奴隶数量极为庞大，他们与数量惊人的刑徒是秦代社会的阶级基础。

汉简出土最多，主要在居延、敦煌、江陵、长沙等地掘得。甘肃北部额济纳河流域，古代泛称“居延”之地，1949年前后都有大批简牍发现。1930–1931年，中国西北科学考察团在居延获得汉代简牍11000余枚。1973–1974年，在居延又新获简近2万枚，其中绝大多数为木牍，竹简极少。简册内容广泛，涉及汉代社会的政治、军事、经济、文化、科技、法律、哲学、宗教、民族等各个领域，它不仅记录了居延地区的屯戍活动，而且保存了一批从西汉中期到东汉初年的官方文献资料。全文发表的有《甘露二年御史书》《建武三年十二月候粟君所责寇恩事》簿册，《寒上蓬火品约》和《候史广德出不循行部》檄。前两份简册是研究汉律的珍贵史料，后两份简册是研究居延边防制度的珍贵史料。

早在1902年，斯坦因在中亚探险途中，于甘肃敦煌附近获得汉代简牍704枚。1915年，斯坦因在敦煌又获得汉代木牍166枚。这些简牍主要记载的是当地日常行政、军事生活及私人生活的内容。1944年西北科学考察团在敦煌又获汉代简牍48枚，夏鼐于1948年发表《新获之敦煌汉简》，公布了这些简牍的照片，并有释文和考证。

除上述居延、敦煌汉简外，1899年，瑞典人斯文赫定在罗布泊的古楼兰遗址中获得汉晋简牍121枚。1927年，考古学家黄文弼在罗布泊附近获得木牍71枚。

1949年后，我国考古工作者于1959年在西北河西武威咀子汉墓6号获得汉简480枚，包括《仪礼》简460枚，日忌、杂占简11枚。据考证，《仪礼》简本是西汉晚年的写本，这为我们研究汉代经学和《仪礼》的版本、校勘，提供了重要的第一手材料。在18号墓中发现"王杖"简10枚。1972年冬，在武威旱滩坡一座东汉早期墓中出土了医药简牍，现存竹简78枚，木牍14枚。这些简牍涉及的内容有内科、外科、妇科、五官科、针灸等，方剂中所列药物100多种，这些药物在简牍中大都是作为复方成份出现的，这为我们研究古代医学提供了重要资料。

20世纪50年代，曾两次在长沙汉墓中掘得木牍，共获10枚。1972年，长沙马王堆1、3号汉墓发现了大批竹简，1号墓获得竹简312枚，是用细麻绳分上下两道交错编联成册。每简字数，少者2字，多者达25字。出土的简册是随葬的物单，记载着食品、衣物、用具、乐器等名称，它为汉初经济生活的研究提供了极其珍贵的资料，丰富了我们对汉初的社会经济、农业生产以及生活习惯的认识。3 号墓出“遣策”（即随葬器物单）竹简 403 枚，医书竹简 200 枚（内木简 10 枚），另有木牍 7 枚；医书中部分内容与《黄帝内经》近似。

1972 年山东临沂银雀山 1、2 号西汉墓葬中出土了大批汉简。1 号墓出土竹简 4900 多枚，内容包括《孙子兵法》《孙膑兵法》《六韬》《尉缭子》《管子》《晏子》《墨子》等周秦诸子。应特别注意的是《孙子兵法》与《孙膑兵法》同时出土，二书有所不同，前者多言兵要，后者则有一部分论阵势，论将略。可以说，后者祖述前者的思想，有些地方有所发展。2 号墓出土《汉武帝元光元年历谱》竹简 32 枚，这是现在所知的我国最早、最完整的古代历谱，使我们得知汉太初以前历谱的格式，证实太初以前使用的是《颛顼历》，从而可以重新推算、检验、校正以前有关的汉初朔闰表。

1973–1975 年，在湖北江陵凤凰山西汉墓中出土竹简 548 枚，木简 24 枚，竹牍 1 方，木牍 1 方，共有 4000 余字。其中除“遣策”及与“遣策”性质相近的“告地策”外，比较有史料价值的是文书、契约、账目类的简牍。这些简牍详细记载了汉文帝末至景帝初年江陵地区土地占有、租赋、徭役等方面的情况，史料价值很高。

1983 年 12 月至 1984 年 1 月，相继在江陵张家山汉墓出土竹简 1600 多枚，计 4 万余字。简与简之间用三道缀线相联。竹简年代在汉高祖至汉文帝时代，其内容可分为律令、《奏谳书》《盖庐》《算数书》《脉书》，《引书》、历谱、日书和遣策九个部分。律书有 549 简，简背题为《二年律令》（即吕后二年），包括有任用官吏的《置吏律》、传送文书的《行书律》、规定群众劳役的《繇律》、核验官府物资财产的《效律》、规定货币、财物流通的《金布律》以及《均输律》《传食律》《津关律》

《爵律》《兴律》《户律》《贼律》《盗律》《捕律》《告律》《亡律》《赐律》等26种，集中了汉律的主体部分，比云梦秦律的内容更为充实和完整。《算数书》有180余简，全部算题分门别类归纳为60个小标题，每题说明求解方法，其中有增减、分乘、相乘、合分等内容。这是目前我国发现的年代最早的一部数学巨著，在数学史上有着重要地位。《盖庐》一书共50余简，是盖庐与伍子胥的问答记录，反映了伍子胥关于阴阳术数一类的军事思想。《奏谳书》是一部关于治狱疑难案例的汇编，共200余简。《脉书》与《引书》是我国最早的医学和健身专著，共225简。出土竹简中有两份历谱，一份是记载汉高祖五年（前202年）四月至吕后二年（前180年）各月朔闰。另一份记载汉文帝前元五年（前175年）的历谱。这两份历谱对校正这一时期的历法有着重要价值。这些竹简的发现，在不少方面填补了我国古文献的空白，对研究西汉早期的政治、经济、法律、数学、历法、文字和社会生活，都具有极其重要的意义。

汉代以后的简牍发现不多。1901年斯坦因在新疆获得魏晋时期的木牍数十枚，有字书、方技、《论语》、文书等内容。1906年，斯坦因在罗布泊附近又获魏至北宋木牍104枚。1949年后，在吐鲁番、南昌等地也有少量晋简发现。

帛书

帛书是我国古代的一种书籍形式，是将文字书写在丝织品上。1973年12月，在长沙马王堆3号汉墓中，出土了大量西汉早期书写的帛书。帛书分两种，一种写在通高48厘米的宽幅帛上，折叠成长方体；另一种写在通高24厘米的帛上、卷在长条形木片上。这批帛书除个别外，均无篇题，经拼复编纂，大致可以确定为26件：《周易》《丧服图》《春秋事语》《战国纵横家书》《老子》甲本、附佚书三种、《九主图》《黄帝书》和《老子》乙本、《刑德》甲、乙种、《刑德》丙种、《五星占》《天文气象杂占》《篆书阴阳五行》《隶书阴阳五行》《木人占》《符箓》《神图》《筑城图》《园寝图》《相马经》《五十二病方》附佚书四种、《胎产图》《养生图》《杂疗方》《导引图》附佚书二种、《长沙国南部图》《驻军图》。

帛书有篆书、隶书两种，篆书写本的抄写时间，约在汉高祖十一年（前196年）左右，隶书写本的抄写时间，约在汉文帝初年。这批帛书的内容涉及战国到西汉初期政治、军事、思想文化以及科学等方面，有着重要的史料价值。不少古书已经失传，但被帛书保存下来，这丰富了我国历史文献的内容，而帛书又可以作为校勘某些传世古籍的依据。在文字学、文献学等方面，帛书也提供了丰富的研究资料。

帛书中的《春秋事语》，有2000余字，内容与《左传》相关，记载着春秋的史实。《战国纵横家书》，共28篇，11200多字，原无篇题。内容主要是苏秦、苏代、苏厉、田婴、李兑等人的上书或言论，其中有11篇见于今本《战国策》，但文字有不少出入，利用此书可校《战国策》。如今本“燕策第二燕说齐章”有一处比帛书少130字，另又多出67字。“赵策四赵太后新用事”章，帛书为“赵太后亲用事”。《老子》一书的传世版本都是按照两经分类，以《道》经为上篇，《德》经为下篇，故通常又称《老子》为《道德经》。根据帛书的甲、乙两种《老子》，都是《德》经在前，《道》经在后。韩非作有《解老》《喻老》两篇说明《老子》的文章，也是先《德》经后《道》经，可证明帛书《老子》的排列次序，是比较符合《老子》一书的本来面目的。

延伸阅读

文献及其属性

——节选自《中国文献史》“绪论”

就目前所知，世界上几种最早的文献是古代西亚的楔形文字文献、古埃及的纸莎草纸文献、古希腊克里特的线形文字文献和中国商代的甲骨文献。楔形文字文献出现的时间约在公元前4000年末期，在西亚地区使用了3000余年。已经证实的最早用楔形文字书写的文献是苏美尔语文献。在乌鲁克古城遗址发现的楔形文字文献是一种图画文字类型的文献，到公元前3000年，图画型的楔形文字文献逐渐演变成线形笔画文字文献。这种文献文字是用一支斜尖的笔划在软泥板上的，笔划呈楔形状。早期楔形文字文献是自上而下书写的，后来改为从左至右书写。纸莎草纸文献曾流行于整个东部地中海地区，它的发现，在埃及、西亚、古希腊罗马的考古学中占有重要地位。埃及产纸莎草，由于气候干燥，致使不少纸莎草纸文献得以保存下来。大部分纸莎草纸文献是在埃及发现的。在埃及第一王朝的墓葬中，曾出土一卷约公元前3000年的纸莎草纸文献。这些纸莎草纸文献成为研究古代地中海地区的历史、文学、宗教等的重要资料来源。古希腊的线形文字文献和中国的甲骨文献也都是3000多年前的遗物，是世界文献史上最古老的文献之一。

作为一个概念，“文献”二字在2000多年前的中国汉语里就已经出现了。孔子在《论语·八佾》中说：“夏礼，吾能言之，杞不足徵也；

殷礼，吾能言之，宋不足徵也。文献不足故也。"《礼记·礼运》也有相关的记载："孔子曰：我欲观夏道，是故之杞而不足徵也，吾得《夏时》焉；吾欲观殷道，是故之宋而不足徵也。吾得《坤乾》焉。"

孔子所讲的文献，"文"指典籍；"献"，何晏《论语集解》引郑玄注说："献，犹贤也，我不以礼成之者，以此二国之君文章贤才不足故也。"此处将"献"释为"贤才"。后来朱熹在《四书章句集注》中也继承此说，认为"文，典籍也；献，贤也。"郑朱二人的解说都有训诂的根据，但阐释欠详，后人仍有费解之处。

元初马端临在《文献通考·总序》中，对"文献"作了较为具体的诠解，他说："凡叙事，则本之经史，而参之以历代会要，以及百家传记之书，信而有徵者从之，乖异传疑者不录，所谓文也。凡论事，则先取当时臣僚之奏疏，次及近代诸儒之评论，以至名流之燕谈，稗官之记录，凡一话一言，可以订典故之得失，证史传之是非者，则采而录之，所谓献也。"这里"文献"是指文字资料和言论资料。

近代学者刘师培澄清刘宝楠之说，在《文献解》中认为"献"通"仪"，即礼仪。他说："书之所载谓之文，即古人所谓典章制度也；身之所习谓之仪，即古人所谓动作威仪之则也。"又说"孔子言夏殷文献不足，谓夏殷简册不备，而夏殷之礼又鲜习行之士也。"王欣夫在《文献学讲义》中赞同这一看法，并认为：文献是指一切历史性的材料。

在今天，"文献"一词的使用越来越普遍，随着学术研究的深入，人们要求它的涵义更加准确和规范。因此，我国国家标准《文献著录总则》中规定，文献是"记录有知识的一切载体"。但学术界对这定义还有分歧。有人认为，文献是指人们为了存贮和传递的目的而记录的社会情报的一切物质载体。这里强调文献的存贮与传递的功能。有人则认为，文献是具有一定的历史价值或科学价值的、有文字记载、有某种载体的图书文物资料。强调文献的历史价值和科学价值。需要注意的是，文献与文物是有区别的，文献必须具有文字，不载有文字的文物是不属于文献的范围。而图书,则与文献是有密切联系的。在古代，图书是指图画与书籍。目前人们所称图书，往往是指有一定的体例系统的知识载体，它是文献的一种表现形式。1964 年，联合国教科文组织在一次会议上议定,把“四十九页以上（不计封面）的非定期出版物”称为图书。

有些人把文献与图书不加区别，认为甲骨文献、金石刻辞都是中国早期的图书。这种看法如今相当流行，甚至为通俗读物及某些教科书采用。有一些著作把甲骨文献、青铜铭文明确地称为“龟甲兽骨的书”“青铜的书”。我们不赞同这种提法。20 世纪 60 年代，书史专家钱存训就认为图书是起源于简牍，他说：

古代文字之刻于甲骨、金石，印于陶泥者，皆不能称之为“书”。书籍的起源，当追溯到竹简木牍，编以书绳，聚简成篇，如同今日的书籍册页一般。在纸发明以前，竹木不仅是最普通的书写材料，且在中国历史上，其被采用的时间，亦较诸其他材料为长久。甚至在纸发明以后数百年间，竹简木牍仍继续用作书写。

从图书的起源看，“图书”不能代替“文献”加以使用，它同档案、报纸、杂志等都是文献的一种表现形式。

从文化学的角度看，文献是属于文化的范畴。文化是人的精神作用于外部世界的结果，是人类社会实践活动创造出来的一个有别于物质世界,也有别于精神世界的特殊领域,这个领域可称之为“文化世界”。文化的内容大略可包括三个方面：（1）人的规范的总体，如义务、价值、道德、教育等；（2）人类社会的总体，如家庭、民族、国家等；（3）客观知识的总体，如宗教、艺术、科学、语言、文献、机器等。很显然，文献是文化中客观知识总体的一个部分。知识以其存在的形式可划分为主观知识和客观知识两部分，主观知识存在于人的脑子里，随着人的死亡而消亡，客观知识存在于人的脑外。文献就是客观知识与物质形式的统一体，其内容是客观知识，形式是纸张等物质实体。英国哲学家卡尔·波普尔说："不管是科学书籍还是文艺书籍，一本书是一种物理对象但是使它成为人类精神品的重要产物是它的内容。版本不同，内容依然不变。"这样，我们对文献的属性就有以下两方面的理解。一方面，文献不能纯属物质的范畴。我们平常提到的文献，不是指文献的外在形式，而较多的是指它的知识内容。现有一本历史书，一本物理书，假定它们的印刷、装帧、纸张等物理属性是相同的，然而它们仍不是同一本书。相反，我们所说的是样的书，比方《史记》，却可能属于不同的版本，物理属性全然不同，假如所有这些版本都包含同一内容，即同样的句子序列，那么，它们实际上是同一本书。这就是说，知识内容成为文献的根本属性。另一方面，文献也不是属于精神的范畴，因为它们一经产生，就完全脱离人脑而独立存在。

——节选自《中国文献史》（第一卷）武汉大学出版社，1993年版，第3-6页。

群星璀璨——民族文字与典籍

蒙文典籍

早在13世纪初，蒙古族就有了自己的文字，它是在回鹘文的基础上创制的，被称为回鹘式蒙古文或畏兀儿体蒙古文。用这种蒙古文书写的文献散失严重，流传下来的仅有一些碑刻和残卷。现存蒙古族文献，主要是用回鹘式蒙古文基础上改造和创新的规范化蒙古文和托忒文书写的。

1260年，元世祖忽必烈命西藏佛学大师八思巴创制蒙古新字，俗称“八思巴字”。此字是根据藏文加以变化创制的，元亡以后，基本上不再使用。14世纪初，蒙古学者吉·斡斯尔对最初的蒙古文字进行改革，成为至今通用的蒙古文字。17世纪中叶，礼雅·班第达在此基础上，稍加改革，被改革后的蒙古文称为“托忒·必扯克”（意为精确的文字），又称“陶德”（托忒）蒙古文。

据1979年《全国蒙古古旧图书资料联合目录》著录，在国内60家图书馆中，收藏1949年前国内出版或抄写的蒙文图书资料1500余种，共计7000余册，内容包括历史、哲学、宗教、政治、法律、军事、经济、教育、语言文字、文学艺术、地理、天文、医学、金石拓片、期刊杂志等 15 类。在蒙文史籍中，最重要的有《蒙古秘史》《蒙古黄金史纲》和《蒙古源流》三书，被称为蒙文三大典籍。此外，有百科全书式的风俗著作《蒙古风俗鉴》，蒙古法律大全《蒙古卫拉特法典》等。其中《蒙古秘史》最受世人所重，该书原文是回鹘式蒙古文，作者名已佚，写成于窝阔台汗十二年（1240 年，一说成于 1252 年），是成吉思汗黄金家族的编年史，它上溯成吉思汗的 22 代祖先孛儿帖赤那，记叙了从那时起至窝阔台十二年,前后约 500 多年历史。该书原文已佚，明初有汉文本行世，清代众多学者或著录校勘，或刊刻印行、或研究版本、笺证注释，推进了《蒙古秘史》的研讨。同、光年间，该书先后流入俄国、日本，并被译成多国文字，广为传布，引起各国学界重视，研究蔚成风气，形成了国际性学科——秘史学。

《蒙古黄金史纲》，不分卷，原书名为《诸汗源流黄金史纲》，作者佚名，成书约在明万历、天启年间。该书认为蒙古族源出印藏。全书分两部分，第一部分为印藏王统，第二部分为蒙古王统，第二部分又分两段，前段从孛儿帖赤那叙述至元顺帝安欢帖木儿，后段从必里克图汗叙述至林丹汗。两段中又插入永乐帝登基以后明朝诸帝纪年。书中对蒙古鞑靼、瓦喇两部的历史叙述颇详，较为系统地勾勒了当时蒙古的社会政治面貌。

《蒙古源流》8 卷，蒙文名《额尔德尼脱卜赤》，意为《宝史纲》。成书于清康熙元年（1662 年），作者为萨囊彻辰洪台吉。该书以佛教的传播附会蒙古族起源，历述元明两代蒙古各汗的事迹，对俺答汗和鄂尔多斯部的活动记叙尤详。编纂体例以藏传佛教为纲，以蒙古各汗传教授世系为纬，具有较浓厚的宗教神学色彩。书后附有“明朝帝系”，与史实乖异，讹误颇多，不足为据。乾隆年间，蒙古喀尔喀亲王成衮札布始将此书进呈清廷，乾隆命馆臣译为满文，又以满文译为汉文，定名为《蒙古源流》。

除以上三大历史名著外，蒙文历史文献仍十分丰富，有“百科全书”式的风俗著作《蒙古风俗鉴》，罗卜桑却丹著，1918年成书。书中详尽记述了蒙古族风俗习惯及其沿革发展情况，比较真实地反映了近代蒙古社会的时代特点。

藏文典籍

藏族是一个具有悠久文化传统的民族。公元6世纪创制了最早的藏文。藏文有四个元音符号和30个辅音字母。自左向右用竹笔、墨汁书写。字体主要有“有头字”（楷字）和“无头字”（草体）两种。通行于整个藏族地区。

据近年调查，西藏、青海、四川、内蒙古、新疆、辽宁、吉林七省自治区档案馆和中国第一历史档案馆，收藏有元、明、清、民国时期的藏文档案文书300万件。全国现存的藏文古籍已知的约60万函，其有近50万函存于西藏各寺院和档案部门。印刷藏文古籍的木刻板，四川收集到的有13万块。北京故宫、雍和宫、法源寺等处收藏的藏文古籍约16000函。此外，敦煌石窟出的藏文文献，内容也十分丰富，包括历史、语言文字、艺术、宗教、法律、科技、社会等各方面。

14世纪以后，藏族史学更趋活跃，藏族学者的历史著作大量涌现。这些卷帙浩繁的历史文献，至今尚未完全整理出来，数量之大，目前尚难作出确切统计。其中比较重要的有《布敦佛教史》《西藏王统记》《青史》，这三书被称为藏文三大典籍，另有《红史》《西藏王臣记》等。

《布敦佛教史》，成书于1322年，作者为著名佛学大师布敦·仁钦朱。主要叙述佛教的产生、传播及藏地藏修佛教发展的历史。

《红史》，成书于1346年，作者为卫藏地区著名学者和宗教首领蔡巴·贡噶。全书分四部分：（一）印度古代王统及释迦世系；（二）汉地历代王朝世系；（三）蒙古王统；（四）吐蕃王朝至萨迦派执政时期的藏族历史。全书以第四部分为重点，结合汉文史料，大量采用了藏族口头传说的历史资料。汉藏关系的叙述占有相当篇幅。

《王统世系明鉴》，通称《西藏王统记》，成书约在1388年，作者是萨迦派僧人索南坚赞，全书共分18品，叙述吐蕃王朝历代赞普史事，尤详于松赞干布、赤松德赞、热巴布“三杰”的事迹。作者除依据吐蕃王朝史料和两唐书的有关记载外，还采集了不少民间故事传说，掺杂了印藏佛教内容。全书文笔流畅，叙事条理分明，是一部熔历史、文学、宗教于一炉的藏文史籍，对藏族历史著作的影响很大。

《青史》，成书于1476年，作者为噶举派著名僧人桂·宣奴贝。该书除叙述吐蕃王朝传承历史外，重点内容是藏传佛教创建与发展的历史，特别对噶举派发展历史的叙述更为详尽。《青史》是一部编年史，纲目分明，事具首尾，一直被推崇为研究藏族史及藏传佛教史的信实典籍，受到国内外研究者的重视。有些学者把它与《布敦佛教史》《王统世系明鉴》合称为藏文三大典籍，是不无道理的。

《贤者喜宴》，成书于1564年，作者是藏传佛教噶玛噶举派的僧人扳卧·祖拉程哇。全书共分17章，主要内容是吐蕃王朝史和藏族佛教史，可与《王统世系明鉴》《青史》互为补充。该书征引繁富，叙事翔实，其史料价值已越来越多地引起藏学界的注意。

《西藏王臣记》,成书于1643年,作者为五世达赖喇嘛阿旺罗桑嘉措。本书详细记载了从西藏有史以来直至顾实汗之间，所有历代王朝事记和王嗣传统。

宗教文献有藏文大藏经，共收佛教经籍4569种。除佛教经、律、论外，尚有文法、诗歌、美术、逻辑、天文、历算、医药、工艺等。

文学作品有著名英雄史诗《格萨尔王传》《米拉日巴道歌》《萨迦格言》《旋努达美》等。大约产生于12世纪前后的《格萨尔王传》，在藏族人民群众中广泛流传，内容广博，结构宏伟，全篇以格萨尔的事迹相贯穿，具有高度的思想性和艺术性。它不仅是一部闻名国内外的长篇民间文学巨著,同时又是研究藏族社会历史、经济情况、道德观念、宗教信仰、风俗习惯、生活方式、语言文字以及民族关系等方面的珍贵文献。在某种意义上，可以说《格萨尔王传》是藏族古代的一部百科全书。

彝文典籍

彝族是我国西南地区历史悠久的少数民族之一。彝族文字在汉族古文献中称为“韪书”等。有人认为它起源于汉文之前，多数人认为形成于13世纪。它是一种超方言的音节文字，一个字形代表一个意思，既表意又代音，文字总数达10000余个，但比较通用的字只有1000多个。原书写方法，贵州彝文是从左到右的直行书写，凉山彝文是从右到左的横行书写，云南彝族则兼有这两种书写方法。

在彝文文献中，重要的历史著作有《西南彝志》《古史通鉴》《水西传》《水西制度》《彝汉天地》《六祖纪略》《笃慕史记》等，明代彝文碑记《水西大渡河建石桥记》，也特别受到学术界的重视。其中，《西南彝志》是贵州彝族一部重要的历史文献。

《西南彝志》全书有彝文 37 万字。该书从开天辟地写起，先叙述天、地、人的产生，描述原始人群和人类蒙昧初开的状况。继而具体叙述彝族从希幕遮到笃慕的三十一世和笃慕之后“六祖”以下的各主要家支世系，叙述各家支间的相互关系以及主要历史人物和历史事件。该书记述彝族历史长达数千年，被誉为彝族历史的集大成巨著。书的卷一至卷五的上半册，是有关彝族先民创世的记载，包括宇宙起源、人类起源、万物起源以及先民们对天地方位、疆域和自然界的认识等。卷五的下半册至卷十二，着重记叙彝祖“六祖”及一些古代部族的谱牒世系和历史事件。卷十三至卷二十六，则是有关彝族与其他一些民族的先民在政治、经济、文化诸方面交往的杂记。可以说，《西南彝志》是“百科式”的彝文历史文献。

彝文史书还有《古史通鉴》。该书记述了彝族远祖的世系和他们在西周末年自成都平原迁往滇东北，再迁至滇、川、黔其他地区的情况，书中着重记叙了罗甸水西从慕齐齐至安胜祖八十四代的世系。《水西传》记载了彝族建立的罗甸（后称水西）的历史，《水西制度》则记载这个政权的政治、经济制度。《彝汉天地》一书，记载了彝族与汉族的历史关系。

傣文与纳西文典籍

傣族历史悠久，历史上曾使用过五种不同形式的文字，即新平傣文、傣绷文、傣哪文、金平傣文和傣泐文。在流传下来的文献中，以傣泐文文献最为丰富。

傣仂文《泐史》是最重要的傣族历史文献，此书的傣文书名为《囊丝本勐》，意为“地方志”，汉译为《泐史》或《勐泐古事》，即西双版纳的历史。该书由明朝初车里军民宣慰使、傣族酋长刀坎用傣文追记本民族的历史，他以后的车里宣慰使继为此事，直到 1949 年前。全书记事远自南宋淳熙七年（1180 年），叙述了西双版纳地区傣族近 9 个世纪的历史概况，是研究我国西南地区傣族史和民族关系史的重要文献。其他傣文文献尚有：编年体史书《车里宣慰世系》《叭真以来四十四代召片领世系》，关于某一历史事件的专著有《大勐笼人民起义书册》《橄榄坝人民反土司唱词》《出卖乌德乌勒情况》《柯树勋统治西双版纳的历史》《大勐笼的历史疆域》等。《双江土司十八代世系》是用傣哪文和傣泐文书写的史书。

早在 1000 年前，纳西族就创造了一种象形表意文字，纳西语称为“森究鲁究”（意即“木石之标记”）。

纳西文由象形符号、通过假借和形声造字法标音的符号以及附加符号组成，有 1500 多个单字，是目前世界上少有的活的象形文字。因用它书写《东巴经》，故又称“东巴文”。纳西族还有一种标音文字，称为“哥巴”或“格巴”文，使用面很狭小。纳西族象形文字是研究文字起源途径的重要资料，具有极高的研究价值。

著名的纳西族典籍《东巴经》，就是用这种文字记述下来的。该书是纳西族原始宗教的经咒，由巫师们世代相传、不断增益而成，现有500多册，尚在不断丰富中。《东巴经》大量吸收纳西族的历史传说、神话故事、民间谣谚和部分藏族本教的经典，为纳西族的百科丛书式巨著，是研究纳西族语言文字、社会历史、文学艺术、宗教习俗、天文历法、哲学思想以及民族关系的珍贵文献，在国内外学术界受到广泛重视。

女真文与满文典籍

金代女真人参照汉文字创制了女真文字，从金太祖太辅三年（1119年）创立到明中叶渐废，共行使了近400年。流传至今的女真文书书籍很少，只有明代所编《华夷译语》中所收的《女真馆来文》《女真馆杂文》，“来文”集中了明代女真诸部向明中央王朝所上的表奏，是关于女真史和明代民族关系的重要文献。女真文字的石碑铭文具有极为重要的史料价值。其中以《大金得胜陀颂碑》最为重要，它镌刻于金大定二十五年（1185年），是目前所知最早、文字最多的女真文碑刻，也是金代唯一有汉文对译的女真文官方石刻。另有《奴儿干都司永宁寺碑》，为1413年明朝在黑龙江特林地区所立，用汉、女真、蒙三种文字书写，记载了明朝皇帝派遣内官亦失哈到黑龙江北岸奴儿干地方建立都司衙门，授官爵印信、赐衣服布钞、造寺塑佛的事迹。

满族文字是在蒙古文文字字母基础上创制的，有老满文、新满文之分。老满文通行仅有30余年，现存文献有著名的《满文老档》。该书是一部编年体史书，比较系统地记载了满族的源流、清朝前期的政治、军事、经济及文化状况，还收录了当时满族与朝鲜、蒙古、明朝及明叛将毛文龙的往来文书，是关于满族的兴起和发展、清初社会性质和那一时期东北边疆史地的重要文献。

清代各朝的实录、圣训等，是用新满文记录的。满文文书极为丰富，中国第一历史档案馆藏有150万件档案，多为清代皇帝的制、诏、诰、敕、表奏、题本等，大都是满文、汉文两种文字兼备的。

阿拉伯字母文字典籍

伊斯兰教逐渐传入新疆，至十四五世纪成为天山南北占统治地位的宗教，阿拉伯字母的文字也日渐成为维吾尔人的通行文字，出现了大量用阿拉伯字母的文字书写的维吾尔族历史文献，其中尤以《突厥大辞典》《福乐智慧》《拉失德史》三书最为著名，堪称维吾尔族历史文献中的珍品。

《突厥大辞典》，作者马赫穆德·喀什噶尔。本书不仅是一部用阿拉伯文拼写、解释突厥语词汇的辞典，又是一部11世纪前后中亚社会的百科全书，作者对突厥语词汇的说明不停留在一般字义的解释上，而是引用了大量社会资料，举凡突厥语族的族名、氏族、部落、职官、军事、宗教、文化、饮食、习俗、医药、天文、矿产、风土、地理等等，都有详细的记录，展现了古代中亚突厥语族的社会画卷，为研究墨汗王朝时期维吾尔族的语言文字及政治、经济、文化、社会生活，提供了丰富可靠的资料。正因此，此书一直受到中外学术界的瞩目，吸引着众多学者对之进行进一步研究。

《福乐智慧》，是一部闻名世界的长篇叙事诗，作者是11世纪维吾尔族的诗人和思想家，全诗85卷，1300多行，熔哲学、伦理、文学、语言于一书，它的价值远远超出了文学范畴，成为那个时代的又一部百科全书，它保存了古代维吾尔族文学、语言、哲学、宗教等多方面的珍贵史料。

《拉失德史》，一名《中亚蒙兀儿史》，作者米尔咱·马黑麻·海答尔，约生活在明正德、嘉靖年间。他出生在杜格拉家族，是当时南疆政治舞台上最有势力的家族之一，一度操纵着察合台汗国的汗位废立，这种家族背景使他很早就介入政治斗争，为他写史积累了丰富的材料。原书用波斯文写成，后译成阿拉伯文，全书共二编，第一编记叙了从秃黑鲁帖木汗到拉失德汗统治时期察合台汗国的历史；第二编则以其家族活动为线索，回忆了察合台后裔再分裂之后的重要历史事件，是这一时期最重要的一部历史著作。书中关于新疆早期哈萨克族、柯尔克孜族的历史叙述，以及涉及到新疆乃至中亚地区的民族分布、阶级状况、水利灌溉、农业收获等方面的资料，亦十分重要。

延伸阅读

阅读文化的特征

——《关于阅读文化研究的几个问题》节录

1. 时代性

文化的进化体现为一个历史过程，不同阶段的文化因时代不同而呈现出差异性，而具体的文化活动也总是在一定的时代背景下发生的。从口耳相传到文字记录，从手抄本时代到印本时代，再到电子图书时代，阅读文化的进化体现为一个历史的过程，不同阶段的阅读文化因时代的不同而呈现出差异性。阅读文化的时代性主要表现在：

（1）阅读的时代变迁。阅读风气的形成是一个时期政治、学术的综合体现，并受其深刻的影响。一方面，作为一种文化现象，阅读随着时代的变迁而变迁；另一方面，阅读又是历史传统的延续与继承，因而，一些经典名著却不受时代变迁的影响，而一直成为人们阅读的对象。可以这样说，一部阅读史，正是在这种变迁与永恒的矛盾中展开的。

（2）阅读的形式随时代不同而变化。如在西方，印刷术发明以前，书本属于富有者的财产，聚在一起聆听朗读是常见的阅读形式。中国传统重视高声朗诵、熟读成诵，而如今的读书人只是默读，泛泛浏览。

（3）时代变迁与读物选择的异同。在西方，中世纪的教育文化知识为教会阶层所垄断，人们阅读的读物限于神学或宗教书籍，随着文明的进步，人们的阅读范围不断扩大，读物选择越来越自由。中国近

100年来随着科举制度的废除和新式教育的兴起，人们阅读传统经典越来越少，特别是近20年来随着出版业的市场化发展，读物更是层出不穷。然而，古今中外一些传统经典名著，在今天仍有着强大的生命力，一直是人们的阅读对象。

2. 区域性

不同区域文化模式的差异，会直接导致阅读文化的差异。阅读活动与出版活动、藏书活动有着密切的联系，并受教育和文化环境的制约，经济发达的地区往往出版业发达、藏书机构和藏书家众多，教育和文化水平也较高，因此也是阅读发达的地区。

按通常的看法，世界文明区可分为基督教文明区、东正教文明区、中华文明区、伊斯兰教文明区、印度文明区。目前，基督教文明区内的国家经济、科技比较发达，阅读条件和环境较好，人们重视阅读活动，阅读文化较发达。就世界范围来说，经济、科技比较发达的国家和地区，国民的文化素质较高，阅读文化也较发达。就中国而言，不同地域之间的阅读文化也呈现出多样性，即使在同一地区内部，也存在着很大的区域差异性。如明清以来，经济发达的东南地区曾长期成为中国的藏书文化、阅读文化发达的区域。

3. 民族性

不同地域的宗教、经济、心理、语言形成独特的民族阅读文化模式，从而阅读文化呈现出鲜明的民族性特征。阅读文化的民族性集中体现为各个民族不同的阅读心理和阅读习惯。

在中国悠久的阅读历史中，形成了非常有民族特色的阅读文化，积累了丰厚的读书传统，这种传统的积淀与承继，对后世读书人有着重要的影响。中国阅读文化的民族性特征主要表现为：(1) 强调读书为学的首要意义是修身宏道，以追求崇高的道德境界。(2) 阅读的目的与动力有着强烈的现实需求，这种需求深刻而广泛地影响着读书人的阅读价值观。如“学而优则仕”，读书以致富贵，这是中国文化传统和价值观中的重要组成部分，对中国文化的健康发展有着不可低估的负面影响。(3) 读书以识字为先。读书须求广博，为学须求通达。读书为学须“思”“习”“行”相结合。(4) 勤学苦读。(5) 对文本的尊重。(6) 在尊重文本的基础上构建的私人阅读空间、书房环境、买书、藏书、借书、抄书、读书、书癖书痴等，也突出体现了中国阅读文化的民族性。

——原载《图书情报知识》2004 年第 5 期。

中国人的圣书：经部典籍

什么是经书

我们现在所说的经书，即儒家经典“十三经”，过去人们对“经书”有许多种不同的解释，其中有一种说法，称“经书”为常用的恒久不变的书。这样，就不仅儒家有“十三经”，道教也有“道经”、佛教有“佛经”、伊斯兰教有《古兰经》等。

春秋末年，有六本书作为儒家的经书，后人称之为“六经”（也叫“六艺”）。这六本书是《易》《书》《诗》《礼》《乐》《春秋》。后来《乐》失传，只有五经。五经中，《春秋》为春秋末年孔子修撰的，其他四经都是商周人的作品，时间是很久远的了。

到了汉代，政府崇尚儒术，儒经的地位很高。到了东汉，五经之外，又增加了《孝经》和《论语》，合称“七经”。唐代，增至十二经，这十二经是《易》《书》《诗》《周礼》《仪礼》《礼记》《春秋左传》《公羊传》《谷梁传》《论语》《孝经》《尔雅》。到宋代，《孟子》地位的提高，列入儒经的行列，就成了十三经。现在人们常常提到的《十三经》，指的就是上述十三种儒家经典。

宋代学者朱熹把《礼记》中的《中庸》《大学》两篇，与《论语》《孟子》相配，称为《四书》。在朱熹看来，读《五经》先要读《四书》，《四书》为《五经》的阶梯。

汉代以来，许多学者致力于经书的整理、注释、阐发与研究，并形成了一门学问，即经学。经学家们有大量的著作传世，清朝乾隆时编修《四库全书总目》，收入经部书籍就达 1773 部、20427 卷之多。

《书》《易》与《诗》

《书》又称《尚书》，作为儒家经典，又被称为《书经》，它是商、周两代统治者的言论记录，其中一部分是春秋、战国时期的人根据远古材料加工编成的虞、夏历史。《尚书》大概是经过孔子整理、删订之后才有了一个确定的本子。书中有些写成于战国时的文章，可能是当时人增补进去的。

秦始皇焚书之后，《尚书》在西汉形成了两种版本，一种是由伏生所传，仅 28 篇，用汉代通行的文字，即隶书写成，被称为《今文尚书》，并立于学官，在汉代广为流行。另一种被称为《古文尚书》，是用六国的大篆、籀文书写的，据说在汉代有多次发现。刘歆《移太常博士书》《汉书·艺文志》《汉书·鲁恭王传》、王充《论衡·正说篇》、许慎《说文解字·序》等对《古文尚书》的发现都有详略不同的记载。《古文尚书》经贾逵、马融、郑玄等人注释，便大行于世，曹魏后期，又经王肃作注，始得立于学官，并在魏正始年间刻入“三体石经”。西晋永嘉之乱后，今、古文《尚书》都散佚不传，连石经也遭破坏。东晋时期，豫章内史梅赜向朝廷献上一本《尚书》，称是孔安国作传的本子，并有孔安国的序。本书把原《今文尚书》28篇分为33篇，并又多出25篇，合为58篇（为了符合汉人所说的《古文尚书》的篇数）。这本《尚书》很快流行开来，唐初孔颖达为之作“正义”，并作为官定本发行。宋代把“孔传”与“正义”合刻成《尚书注疏》，明清时收入《十三经注疏》中。

从宋代开始，就有人对梅赜《古文尚书》的真伪问题提出怀疑。直到清代，阎若璩等人进行多方考证，证明58篇《尚书》中，除33篇今文外，古文25篇，孔安国传、序都是魏晋人的伪造。

汉儒所传的《今文尚书》28篇，是学术界认为较为可信的商周资料。这28篇文献记载了我国原始社会末期及夏、商和西周的历史，反映了这一时期的政治制度、重要事件及天文、地理等情况，是研究中国远古史极珍贵的史料。不仅如此，《尚书》所体现的原始民主、天人感应、明德保民、大一统、五行等思想观念，对后世都有较为深远的影响。

《易》又称《周易》，作为儒家经典，又被称为《易经》，是我国古代的一部占卜用书。学者李镜池认为这本书的作者是西周末年的一位筮官，书名“周易”正是取周室即将发生变化的意思。《易》由64卦组成，每卦里有卦画、标题、卦辞、爻辞四个部分。卦画的基本符号是“一”与“--”，叫做“爻”。“一”是阳爻，“--”是阴爻。这两个基本符号排列组合，每三个爻组成一个卦，形成八卦，即“☰”乾，表示天；“☷”坤，表示地；“☳”震，表示雷；“☴”巽，表示风；“☵”坎，表示水；“☲”离，表示火；“☶”艮，表示山；“☱”兑，表示泽。八卦又两组一个，错综组合，构成64卦。64卦中每一卦都有6爻，共384爻。每卦的卦画后，都有标题，作为卦名，其后又有简单的卦辞说明题义。每卦之中的6爻分别都有爻辞。

《易经》是本卜筮书，带有浓厚的神秘主义色彩，但它又反映了那个时期的思维水平和认识能力，总结了当时人们分析、预测自然和社会矛盾运动的方法，成为中国哲学的重要源头之一。《易经》的内容广泛地体现了当时生产、生活的情况，诸如祭祀、战争、生产、商旅、婚姻、水旱、灾害等，在书中都有记载，是研究这一时期历史的主要文献。此外，《易经》还具有一定的科学价值，对中国古代的天文学、历法、数学、医学都有一定的影响，甚至对近代西方创立微积分和二进位制数学也都有所启发。科学家沈宜甲在其《科学无玄的周易》一书中认为：《周易》内容丰富，含有数理、医理、物理（包括天文、宇宙来源）、生理等，具有较高的科学价值。

《诗经》是我国最早的一部诗集，先秦时称为《诗》，或习称“诗三百”，作为儒家经典，称为《诗经》。《诗经》中的诗大约写成于西周初年到春秋中叶。这些诗的结集大概与周代的乐官有关。乐官为了歌功颂德或宫廷娱乐，便留心搜集流传在民间的或出于士大夫之手的诗歌。王朝的贵族为了充实音乐或别的目的，也写作诗歌，交给乐官。当时诸侯亦各有乐官，掌管本国的乐歌。诸侯为了尊重王朝，交换音乐，派人把本国乐歌献给王朝。这样王朝的乐官就掌握了不少诗歌，并随时增加，随时编辑。经过几百年，到了春秋中晚期，《诗经》基本形成。春秋末，孔子把《诗》作为教本来教学生，便对《诗经》作了一番整理、修订工作。经孔子整理的《诗经》约 300 余篇，遭秦焚书之后，《诗经》还剩 305 篇。这 305 篇分为风、雅、颂三类。

《风》也称《国风》，包括 15 个国家和地区的诗，即《周南》《召南》《邶风》《鄘风》《卫风》《王风》《郑风》《齐风》《魏风》《唐风》《秦风》《陈风》《桧风》《曹风》《豳风》，共 160 首诗。这些诗多数是民间歌谣。

《雅》分《大雅》与《小雅》，《大雅》31 篇，《小雅》74 篇，（另外还有6篇有目无诗），合105篇。这些诗都是西周王朝直接统治地区的诗歌，多数为朝廷官吏的作品。

《颂》有《周颂》《鲁颂》《商颂》，共40篇，大体是西周和鲁国、宋国的最高统治者用于祭祀或其他重大典礼的乐歌。

《诗经》的作者，绝大多数不详。有几位作者姓名，如家父、孟子等，保存在诗文之中，但也无法获知更多的情况。作品产生的地域，以《国风》而言，大体包括了今陕西、山西、河南、山东、河北、湖北北部等。

《诗经》作为古代优秀的文学遗产，具有丰富的思想内容和迷人的艺术魅力，为后代诗人墨客所景仰、学习、借鉴，强烈影响着中国文学的发展。《诗经》中民歌和贵族讽刺诗表现的现实主义精神，开创了我国诗歌创作的传统。《诗经》中赋、比、兴的艺术手法，也为历代诗人所沿用。赋是铺陈，是诗歌中最常用的一种手法，战国以后又由此发展成为一种文体。比是比喻，兴是启发。历代诗人继承发扬这两种手法，创造出无数兴寄独深、比类切至的艺术意境，形成了我国古代诗歌含蓄蕴藉、韵味无穷的独特风格。

《诗经》的艺术技巧也为后人所师范。它体现的炼字功夫，向来受到重视。一些富有表现力的词汇，为历代沿用。它创造的修辞方法，如烘托、比拟、夸张，对偶、排比等等，一直得到广泛的应用。

《诗经》也影响了散文的发展。唐代中期，韩愈、柳宗元发起古文运动，提倡散文，反对骈文，就都把《诗经》健康内容与优美艺术形式的统一，作为学习的典范，开创了中国散文文学的一个光辉时期。

几乎可以说，《诗经》的影响，渗透了我国文学艺术的各个领域。这如同闻一多先生所指出的："'三百篇'的时代，确乎是一个伟大的时代，我们的文化大体上是从这一刚开端的时代就定型了。文化定型了，文学也定型了，从此以后2000年间，诗——抒情诗，始终是我国文学的正统的类型，甚至除散文外，它是唯一的类型。赋、词、曲是诗的支流，一部分散文，如赠序、碑志等，是诗的副产品，而小说和戏剧又往往以各自不同的方式夹杂些诗。诗,不仅支配了整个文学领域，还影响了造型艺术，它同化了绘画，又装饰了建筑（如楹联，春贴等）和许多工艺美术品。”

《诗经》不仅是一部重要的文学作品，同时也是一部有史料价值的古代文献。《诗经》中某些诗歌记录了商、周民族起源的传说，商周之际的重大历史事件和周民族早期活动的历史，都极有价值，并成为《史记》所依据的材料之一。《诗经》所反映的那个时代的社会制度、社会生活也是多方面的，当时的赋税、殉葬，各阶层人士的喜怒哀乐，民风民俗，以及天文、灾异、农耕等等，在《诗经》中都有所反映。这些都是研究社会史极为珍贵的材料。

三礼

《周礼》本名《周官》，该书作者和成书时代，尚无定论。著名学者张舜徽先生认为,该书为战国人辑录的官制汇编,书名的“周”为周备、无所不备的意思。本书对了解先秦礼制、政治、文化等都有一定的参考价值。

《周礼》全书以六官分为六部,《天官冢宰》第一，叙其职掌天下政务，以辅佐王者统治天下 ;《地官司徒》第二，叙其职掌邦教、土地、赋税等 ;《春官宗伯》第三，叙其职掌邦礼、宗庙祭祀等 ;《夏官司马》

第四，叙其职掌军政、统领军队；《秋官司寇》第五，叙其职掌狱讼刑罚等；《冬官司空》第六，叙其职掌邦事工程等，该篇全佚，后人以《考工记》补之。《考工记》二卷，作者不详，成书约在春秋末年，所记包括攻木之工、攻金之工、攻皮之工、设色之工、刮摩之工、抟埴之工六部分，并对车、削、矢、剑、钟、量、甲、韦草、皋陶、染羽、磬、玉、弓等制作，均有较详细的叙述，是有关春秋以前手工业生产技术方面的一部极为珍贵的文献。

《仪礼》亦称《礼》或《士礼》，作为儒家经典，也被称为《礼经》，其成书约在春秋战国时代，有人主张为孔子所撰。全书 17 篇，现今通行本，即郑玄所注本的篇次是：《士冠礼》第一，叙贵族子弟在 20 岁所举行的加冠典礼；《士昏礼》第二，叙贵族结婚的礼仪，《士相见礼》第三，叙贵族之间相见，送礼或回拜的礼节；《乡饮酒礼》第四，叙乡里定期举行的以敬老为中心的酒会仪式；《乡射礼》第五，叙乡里定期举行的射箭比赛的仪节；《燕礼》第六，叙诸侯与大臣们举行酒会的礼节；《大射礼》第七，叙国君主持的射箭比赛的具体礼节；《聘礼》第八，叙大臣出国的礼节；《公食大夫礼》第九，叙国君举行宴会招待外国来访大臣的礼节；《觐礼》第十，叙诸侯朝见天子的礼节；《丧服》第十一，叙人们对死去的亲友，根据亲疏远近而在丧服和服期上有种种差别的制度；《士丧礼》第十二，《既夕礼》第十三，这两篇叙贵族从死到埋的仪节；《士虞礼》第十四，叙贵族埋葬其父母后，回家所举行的安魂礼；《特牲馈食礼》第十五，叙贵族定期在家庙中祭祀祖祢的礼节；《少牢馈食礼》第十六，《有司彻》第十七，这两篇叙大夫一级的贵族在家庙中祭祀祖祢的礼节。

《礼记》也称叫《小戴记》或《小戴礼记》。西汉初年取得经的地位的礼书只有《仪礼》，当时人们传习《仪礼》的同时，都附带传习一些参考资料，这些资料都出自战国至西汉礼学家之手，内容是对《仪礼》的解释和发挥的，被称为“记”。据说这些记共有130余篇，戴德删其繁重，选定85篇，称为《大戴礼记》。戴德的侄子戴圣又从《大戴礼记》中选定49篇，称为《小戴礼记》。《礼记》的内容较庞杂，有记某项礼节的，如《奔丧》《投壶》诸篇；有专说明《仪礼》的，如《冠义》《昏义》等篇；有结构比较完整的儒家论文，如《礼运》《学记》《大学》《中庸》等。

《春秋》三传

《春秋》作为儒家经典又称《春秋经》。这本书是孔子根据鲁国的旧史，并参考了春秋各国史书而编成的。它是我国历史上第一部私人修撰的史书。孔子修《春秋》，采用编年体，在材料的取舍和写法上都有一定的标准或准则，记述自公元前722年－前481年，共242年的历史，简要反映了春秋时期的政治、军事等活动，以及一些自然现象，同时也体现了孔子对历史的看法。《春秋》的出现，对后世政治、思想、学术都有着极其深远的影响。

《春秋》成书以后，孔子后学根据各自的理解，对《春秋》作有不同的解释，这些解释当时只是口头传授，还没有写成书面文字。班固说：“及末世口说流行，故有《公羊》《谷梁》、邹、夹之传。四家之中，《公羊》《谷梁》立于学官，邹氏无师，夹氏未有书。”现在保存下来的《公羊》《谷梁》二传是最早解释《春秋》的专书。《公羊传》相传是战国时期的人公羊高所口述，至汉景帝时，由公羊寿和他的学生胡毋子都写定成书。《谷梁传》相传是与公羊同时人谷梁赤所口述，也是到西汉时才写定的。二传对《春秋》的注解注重词句的诠释，并阐发所谓的“微言大义”和“《春秋》书法”。

《公羊》《谷梁》二传是解释《春秋》的，过去的古文经学家们认为，《左传》也是解释《春秋》的，说《左传》是《春秋》的内传，说另一本与《左传》相关的《国语》是《春秋》的外传。现在不少学者仍持这一看法。《左传》的作者和成书时代等问题，目前学术界一直没有得到完善的解决。以司马迁的看法，《左传》原名《左氏春秋》，作者是与孔子同时代的鲁国太史左丘明，《国语》也是左丘明所作的。

我们知道，人类历史最初是以口语传诵为主，而以结绳刻木来帮助记忆，人类早期历史中的许多实例和现代部分少数民族传诵历史的方式都证明了这一事实。随着文化的发达，书写材料的丰富，口语传诵就逐渐被文字记录所代替。当代学者徐中舒认为，春秋时期有两种史官，即太史与瞽史。他们传述历史，原以瞽史传诵为主，而以太史的文字记录辅助记诵。文字记录的简短历史，如《春秋》之类，还需要通过瞽史以口头传诵的方式，逐渐补充丰富起来，春秋时期的许多书籍都是后人记录瞽史的传诵而成书的。《国语》就是记录各国瞽史传诵的总集。左丘明是当时最有修养的瞽史，《左传》就是通过他的传诵，由子夏的一传、再传弟子搜集部分资料，进行补充整理，剪裁润色，编写成书的。

《左传》记事起自鲁隐公元年（前 722 年），终于鲁哀公 27 年（前 468 年），是我国最详细完整的早期编年史。《左传》详于记事，对春秋各国的政治、军事、外交等都有很好的记载，特别是记载军事，如晋楚的城濮之战、邲之战、鄢陵之战，晋齐的鞍之战，还有其他各大小战争，不仅写得很详细，而且也很生动。此外，书中对当时的朝聘盟会、天文地理、氏族和少数民族等都各有详略不同的记载。《左传》的出现，标志着我国编年体史书已达到比较完备的程度，史学家刘知几、章学诚都把它看作是编年体史书的鼻祖，给予很高的评价。《左传》善于描写人物，烘托场面，经纬史事，是我国历史文学的开山，成为后人学习和模仿的典范。

《春秋》及其各解释学派对后世都有很大影响，特别是《春秋》公羊学派对中国政治的影响尤为明显。西汉董仲舒曾作《春秋繁露》，专治《公羊传》，发挥“大一统”“张三世”，以阐述《春秋》大义，又提出“独尊儒术”，为汉武帝所采纳，公羊学遂为汉代之显学。历代今文经学家常以公羊学说为依据来讨论政治、褒贬人物。近代康有为对《春秋》公羊学作重新的解释，为他的托古改制、变法维新提供理论的和历史的依据。

《论语》《孟子》《孝经》与《尔雅》

《论语》一书约成于战国初，由孔子弟子或再传弟子编辑而成。《汉书·艺文志》称：“《论语》者，孔子应答弟子、时人及弟子相与言，而接闻于夫子之语也。当时弟子各有所记。夫子既卒，门人相与辑而论纂，故谓之《论语》。”今传本共20篇，其编次为《学而》第一、《为政》第二、《八佾》第三、《里仁》第四、《公冶长》第五、《雍也》第六、《述而》第七、《泰伯》第八、《子罕》第九、《乡党》第十、《先进》第十一、《颜渊》第十二、《子路》第十三、《宪问》第十四、

《卫灵公》第十五、《季氏》第十六、《阳货》第十七、《微子》第十八、《子张》第十九、《尧曰》第二十。

《论语》一书比较集中地体现了孔子的思想与人格。由于孔子在中国文化、思想界的崇高地位，《论语》一问世就受到人们的重视。汉代以来，它几乎是每个读书人的必读之书。特别是经过朱熹的注解，列入“四书”之一后，便一直成为科举考试的最重要的教科书，宋元明清几朝的做官人、读书人无不受其影响。即便在今天，《论语》仍有很多读者，书中许多词语，被人们在书面上或口头上常常使用，有人称《论语》为“中国人的圣书”。

与《论语》齐名并称的是《孟子》一书。此书在写作体例上仿《论语》，由孟子的学生万章、公孙丑记述孟子言行及孟子与当时人或门弟相互问答之辞。孟子名轲，约生于周安王 17 年（公元前 385 年），卒于周赧王 11 年（公元前 304 年），战国时邹国人。《孟子》7 篇，篇次为《梁惠王》《公孙丑》《滕文公》《离娄》《万章》《告子》《尽心》，书中继承并发扬了孔子所创立的儒家思想。在汉代，《孟子》就有一定的影响，但在《汉书·艺文志》中仅列在“诸子略·儒家类”，不能与《论语》有同等的地位，唐初编的《隋书·经籍志》亦列《孟子》于子部。到了宋代，《孟子》的地位上升，朱熹将《孟子》列入“四书”。南宋陈振孙在《直斋书录解题》中说：“天下学者，咸曰‘孔、孟’。孟子之书，固非荀、杨以降所可同日语也。今国家设科，《语》《孟》并列于经。”《孟子》在目录中也由子部上升到经部。

《孝经》也是儒家重要经典之一，列入《十三经》之中。关于该书的作者和成书年代众说纷纭，目前较为一致的看法是，《孝经》成书于公元前 3 世纪期间，作者为先秦的孔门后学。《孝经》今本 18 章：开宗明义章第一、天子章第二、诸侯章第三、卿大夫章第四、士章第五、庶人章第六、三才章第七、孝治章第八、圣治章第九、纪孝行章第十、五刑章第十一、广要道章第十二、广至德章第十三、广扬名章第十四、谏诤章第十五、盛应章第十六、事君章第十七、丧亲章第十八。全书仅1800字，但其在中国文化上的影响却极为深远。

《尔雅》也是《十三经》中之一种。据学者研究，该书在公元前400–前300年左右的战国时期就已初具规模，到汉代被增补润色，以至定型。全书荟萃训诂名物，收录众家传注而成，非出自一时一人之手。今本《尔雅》19篇，其篇次为《释诂》《释言》《释训》《释亲》《释宫》《释器》《释乐》《释天》《释地》《释丘》《释山》《释水》《释草》《释木》《释虫》《释鱼》《释鸟》《释兽》《释畜》。

《尔雅》是中国第一部词典。该书将经书中有关语言、人文关系、建筑器物、天文地理、植物动物等字词都作了训释，为后人了解古代词义提供了极大的帮助。《四库全书简明目录》经部小学类录《尔雅》一书，称："《尔雅》所解，或出诸子杂书，不尽释经，而释经者为多。故得与《十三经》之数。欲读古书，先求古义，舍此无由入也。"《尔雅》作为一本训诂书，因为它的主要内容是释经的，并且也是阅读古书的入门，故列入《十三经》，并为后世学者所重。

延伸阅读

中国先民的爱情与婚姻

——以《诗经》《周易》为例

一、引言

我所讲的中国先民是非常早以前的，春秋战国以前的我们的祖先。那个时候他们谈恋爱吗？他们是怎么结婚的呢？这都是个迷。（以下有删节）

对于这个故事，我们无法印证它的真实性，因为那个时候的人还没有文字，没有办法记录下来，学者是根据某些考古资料编出了电影情节。所以，对于早期的人类如何谈恋爱，如何结婚，我们只能做一些想象和文学描述。通过这些描述，我们知道，原来我们的祖先是在艰难中产生了爱情。

我今天讲的主要不是怎么产生爱情，而是想告诉大家在三千年前的中国，中国的先民是怎么谈恋爱的，然后结婚的方式是什么。这些是有文字作依据的，并不是在编故事，当然有些是根据我的理解加进了我的解释。中国文字记录的历史有五千年，这五千年的历史，人们的生活状况都有文字记录下来，但他们记录得很简略。我今天讲的主要是依据两本书《诗经》和《周易》。

二、介绍两本书：《诗经》和《周易》

《诗经》和《周易》这两本书大家可能都不生疏。《诗经》是中国最早的一本诗集，里面的诗最晚写成于距现在二千五百以前，而我在今天的讲座当中应用到的诗，都有三千年的历史了。大家可以想一想，那是一个什么样的时代？现在我们追溯三千年前长江以南，或者是岭南地区的历史，只能从秦朝开始，秦朝以前我们很难描述它，因为我们几乎没有文字记录。《诗经》里的诗，有些可能写于五千年前，现在我们不知道，因为它是跟民歌一代一代传下来的，一直传到春秋的时候，才把它整理成一本诗集。这里面的诗是谁写的，大部分诗的作者我们都不知道。古代人不像现代人，古代人觉得学术乃天下之公器，人家传唱自已的诗，没有必要署名。

《诗经》里面一共有 305 首诗，很大一部分是从很早很早以前传唱下来的，后来被孔子整理了。当时孔子把它当教材来使用，还说："不学诗，无以言。"如果不会《诗经》，就不会说话，可见当时《诗经》的地位极高。到了汉代的时候，中国的经书开始有了，我们所讲的四书五经里的五经开始有了。《诗经》是五经之一，后来成为科举考试的最重要的参考书。但到了宋代以后，人们发现《诗经》里面还有些不严肃的诗，就是我所说的恋爱诗。《诗经》里面关于恋爱家庭的诗大概有 60 首，当时宋代的学者不明白，孔夫子怎么把这些爱情诗也编进了。大家知道，宋代理学家非常保守。大家可能有个观念，中国古人的男女关系很紧张，男女结婚前是不见面的，一直都是有人在撮合，然后两人在结婚时掀起了红盖头，才知道对方长得怎么样。这是完全错误的，是在南宋以后男女关系才变得那么紧张。事实上在南宋之前，中国人并不保守，在孔夫子的时候，大家知道，孔夫子就是个私生子。中国人变得老古板是在宋代以后，宋代以前不是这样子的，在《诗经》的时代更不是这样子的。

可以这样说，我在北大校园里面走的时候，看到那些学生在谈恋爱，这跟《诗经》里面的恋爱差远了，他们那个时候更热烈一些，而且更文雅一些。原因是什么？恋爱婚姻是本性的事情，受到禁忌是因为我们的理学家们把它搞得很糟糕。宋代有些学者认为《诗经》里面的爱情诗不是在谈恋爱，而把它理解成“求贤诗”，这种观点一直到20世纪还有大学教授写文章同意，我看了就生气，这怎么可能呢？中国古代统治者若求贤若渴，那中国就变样了。《诗经》里面的爱情诗在一段时间里也遭到了人们的误解，或者说是故意曲解。《诗经》里面的诗大多写于三千年前，那时候中国最发达的地方是黄河中下游，所以《诗经》里面的诗写的最靠南是现在的汉口，里面的诗没有越过长江的，从来没有写于长江以南地区的，也就是说长江以南地区的人当时还不会写诗。而更多的诗集中于现在的陕西、山西、河南这三个省，而爱情诗尤其集中在河南，我今天所讲的爱情基本上都发生在河南。

下面我给大家介绍《周易》。对于《周易》大家也不陌生，但相对于《诗经》来说还是要陌生一点，因为中学课本里面有《诗经》里面的诗，而《周易》没有，因为《周易》不适合中学生来读。大家都知道《周易》是一本算命的书，里面记录了348条算命的结果，这个结果是最原始的结果，后人要算命的话是需要把《周易》全部背下来的，然后在《周易》的基础上进行发挥，没有《周易》就没有办法算命，所以《周易》太重要了。现在在高等学府里，老师可能会说《周易》并不仅仅是一本算命的书，但《周易》确实是一本占卜的书，它的影响是多方面的。在中国最早的占卜方式就是《周易》，《周易》是周朝人写的，但具体作者是谁争议很大，据说是周文王，司马迁也是这样认为的。周文王实际上是商朝人，当时在陕西的势力很大，结果被商朝统治者给关押到河南的汤阴县，因为他还没有造反，所以商王朝还不能杀他，真正造反把商朝推翻的是周武王。周文王被关在那里没事干，于是他就在那里整理当时民间流传的八卦，他把八卦整理成六十四卦，然后根据组合的结果进行推演，根据长期在民间流传的东西总结成《周易》这本书。《周易》离现在已有三千多年的历史，但它不是一本普通的书，它不是一本叙述性的书，它里面有六十四卦的卦画、爻，然后对这些进行组合解释。当时周文王是怎么算命的，现在我们并不知道。据说孔夫子晚年最喜欢《周易》。早期的人在生活中很相信算命这些东西，即使到了现在也有很多人相信，过去中国先民的很多事都算命。因此，《周易》所记录下来的内容反映了先周时期人们的生活状况，我今天想讲的结婚方式主要来源于《周易》。

三、《诗经》中的爱情诗

《诗经》中的恋爱诗有60多首，但我认为那些结婚以后写的诗相对来说比较差，为什么呢？因为两个人结婚以后，激情没有了，那些诗就差多了。我统计了一下，没结婚时所写的诗大概在30首左右。我只选了其中的几首诗让大家来体验一下三千年以前人怎么来表露自己的情感。三千年来中国人的恋爱从热情奔放到曲径通幽，到宋代以后就没有热情奔放了，然后从禁闭到今天的开放。《诗经》恰恰是中国人热恋的源头，就像一个人并没有多少文化，但是他非常真诚，所以他热情奔放。《诗经》是我们的情恋长河之源，是有文字记录的情恋之源。其实在爱情诗里面最好的是单相思，因为两个人在热恋的时候根本不会写诗，“悲愤出诗人”，两个人热恋的时候怎么会写诗呢？德国有个诗人叫海涅，据说当时世界上写爱情诗的，他排第一位。大家可能读过杨沫的《青春之歌》，《青春之歌》里面描写的谈恋爱的场景，男主角引用了海涅的一首诗，那就是单相思，实际上是一首失恋诗。我这里讲的恋爱很多都是单相思，只有单相思或者失恋才写得出来诗。

《诗经·郑风·子衿》这首诗表现了两个人谈恋爱过程的一些不和谐，

下面我们来看看：

青青子衿，悠悠我心。纵我不往，子宁不嗣音？

青青子佩，悠悠我思。纵我不往，子宁不来？

挑兮达兮，在城阙兮。一日不见，如三月兮！

这是一个女孩子写的。子衿是男人身上佩玉的飘带，她在想他的男朋友。意思是：子衿就像我的心一样在飘动，我没有去找你，你为什么不给我发发“短信”？青青的是你的佩带，悠悠的是我的情怀。我不去难道你就不能来吗？我在城墙边等着你，在那又跳又蹦的急着要见你。一天不见你的面呵，好像已有三月长啊！这首诗写得真好，既好懂，又文雅，我觉得这首诗是《诗经》里面最正常的一首诗。感情如果没有波折，诗兴就不会产生，正因为有了感情的波折，才写了这首诗。这首诗写于现在的河南省新郑县，很多爱情诗都写于这个地方，这个地方有两条河流，蕴育了这个地方的人，他们具有丰富的情感。

《诗经·周南·汉广》写于汉水和长江交汇处，就是现在的汉口这一带，是一个小伙子写的：

南有乔木，不可休思；汉有游女，不可求思。

汉之广矣，不可泳思；江之永矣，不可方思。

翘翘错薪，言刈其楚；之子于归，言秣其马。

汉之广矣，不可泳思；江之永矣，不可方思。

翘翘错薪，言刈其蒌；之子于归，言秣其驹。

汉之广矣，不可泳思；江之永矣，不可方思。

意思是：南方有高大的树木，不可以在树下休息。汉水之畔有个姑娘，但我追求不到她。浩浩汉水太宽广，我游不过去——实际上他不是游不过去，而是讲他和这个姑娘之间的感情距离。长江太宽广了，我划着筏子也过不去。杂树丛生长得高，砍柴要砍荆条。那个女子如嫁我,快将辕马喂个饱。浩浩汉江多广,不能泅渡空惆怅。滚滚汉江多漫长,不能摆渡空忧伤。杂草丛生乱纵横,割下蒌蒿作柴薪。那个女子如嫁我,快饲马驹驾车迎。浩浩汉江多宽广,不能泅渡空惆怅。滚滚汉江多漫长,不能摆渡空忧伤。我觉得这是写得最好的一首单相思,前面那首不单相思,这首诗里面那个姑娘根本就不知道这个小伙子。

《诗经》里面最有名的是第一首诗,我不举它是因为大家都熟悉,我刚才举的两首诗可能大家都不太熟悉。《诗经·卫风·木瓜》是在婚恋场面下合唱的词,前面的第一句是领唱,后面的是合唱,领唱的是一个小伙子:

投我以木瓜,报之以琼琚。匪报也,永以为好也!

投我以木桃,报之以琼瑶。匪报也,永以为好也!

投我以木李,报之以琼玖。匪报也,永以为好也!

意思是:姑娘你送给我一个木瓜,我回报给你一个琼琚。这里面的琼琚、琼瑶、琼玖都是玉。这不是报答你,是为了追求我们两个人永相好。我一直觉得这首诗不好,但这首诗形式很特殊,这实际上是合唱的形式,《诗经》里面很多诗都是可以吟唱的,只是现在没有曲子了,这首是典型的歌词,完全可以搬到舞台上来表演。这首诗应该是在某一个男女集会的场合下并不是严格组织起来的表演,然后大家唱的这首诗,当然是首爱情诗。所以,在三千多年以前,我们的先民们在现在的中原大地真是活得很快活。

《诗经·郑风·褰裳》这首诗里面提到两条水,这两条水在《诗经》里面多次出现,而且都和爱情有关联,也就是说《诗经》里面很多诗都写于这两条水之畔,大家都知道淮河是源于河南的,淮河的上游有一条河是汝水,汝水的两条分支就是这两条水。这是一个姑娘对一个小伙子写的一首诗,这首诗非常的粗野:

子惠思我，褰裳涉溱。子不我思，岂无他人？狂童之狂也且！

子惠思我，褰裳涉洧。子不我思，岂无他士？狂童之狂也且！

意思是：你要是爱我的话，就撩起你的衣裳从溱河走过来。如果你不爱我的话，难道就没有别人爱我吗？你这个狂野无知的家伙！你如果爱我的话，就撩起你的衣裳从洧河走过来。如果你不爱我的话，难道就没有别人爱我吗？你这个狂野无知的家伙！

我非常喜欢这首诗，我觉得她写得很真诚，特别表露了当时那个姑娘的心情，这两个人可能处于爱情初期不稳定的状态。

我在这里举的都是大家读的机会比较少的诗，回避了中学课本上的诗。这些诗都写得非常坦诚，非常真诚。这是我讲的一个方面。《诗经》里面所展现出来的中国先民的恋爱的情节，这些都是真实的，有地点有人物，我觉得这些诗真实再现了三千多年前中国人的情感世界，所以非常珍贵。大家想想，在此之前有什么真实的东西告诉我们的祖先是怎样谈恋爱的？没有，《诗经》是最早的。

四、《周易》中关于婚姻的记载

恋爱和结婚是两个永恒的话题。结婚在不同的民族、不同的区域有不同的表现，下面我从《周易》里摘取一段来给大家讲一下当时我们的先民是怎么结婚的，这个场景也是比较让人惊心动魄的。我选取的是《周易·屯卦》，每一卦都有一个卦辞，然而下面有六个爻辞，《周易》里面的爻辞和卦辞都比较短，这样就有利于后面的人去想象展开。

六二，屯如邅如，乘马班如。匪寇婚媾。女子贞不字，十年乃字。《象》曰：六二之难，乘刚也。“十年乃字”，反常也。（《周易·屯卦》）

这句话记下来了当时结婚的场景，所以我觉得很宝贵。这是一条非常重要的史料，反映了早期中国人结婚的情景。在我的生活中，我曾经经历过类似的场景。我中学毕业以后去插队，我插队的那个生产队有个小伙子结婚，他的女朋友是比较远的一个村子里的，他就要派一个迎亲的队伍去把这个姑娘接回来。我当时是这个迎亲队伍里面的随员，我们一队人挑着东西去到女方的村子。进到村子以后，女方放鞭炮欢迎我们到来，非常热情。我们走过去大概有二十里远，这个姑娘到了太阳偏西就是不出门，“婚”字就是这样来的，必须到傍晚才走出去。可能这个姑娘都心急如火的要嫁人，但是就是不出门。好不容易出门了，我突然发现这个村子里的人和我们来的时候脸色不同了，来的时候笑盈盈的，但走的时候脸色很不好，他们把新娘子放过去了，把我们后面的人都给拦下来了，然后那些中年妇女就拿草圈来套我们，我们落在后面了，非常狼狈，从水田里面夺路而逃。回到家后，我始终不知道这些人到底要干什么，他们为什么要这样对我们。后来我看了《周易》理解了这是为什么，这是抢夺婚的仪程。我们来看看《周易》里面是怎么描绘结婚的场景的。“六二，屯如邅如，乘马班如。匪寇婚媾”，这就是男方来结婚娶亲了，他们是骑马来的，在村子周围来回奔走，然后说我们不是来抢东西的，我们是来结婚的。他们这些迎亲的人一看到新娘子出现，马上抢走带回去；如果抢夺失败，会被对方村子里的人打，实际上这并不是一种土匪的行为，是与对方村子里的人有约在先，必须要用这种形式把姑娘抢回去。这种婚俗后来在很多朝代都有记录，我经历的是20世纪70年代发生的事情，后来我看《周易》的时候看到这段话，我明白了，我相信这段话，我觉得当时就是这样子的。

那为什么要抢夺呢？生物学家举了一些例子，比如说早期在非洲的草原上，小伙子如果要娶一个姑娘，一定要完成一件事姑娘才能与他结婚。姑娘说，你到山那边去打死一头狮子扛回来我才嫁给你。大家想想，这不容易吧。但这要有个前提，就是所有的姑娘都要有这个约定，如果一个人这样要求肯定是不行的。这样做就保证了婚姻的稳定，因为结了婚的人如果离婚再结婚，还要去打死一头狮子，他肯定不敢。在婚姻中男女的付出是不一样的，女人要付出更多，而男人的成本比较低，所以要用种种办法约束男的，结婚时候的抢夺就是因为这种原因而产生的结果。

“女子贞不字，十年乃字。”意思是：女子算命发现不怀孕，过了十年以后才怀孕。最后有一个完美的结局，他们终于组成了一个非常好的家庭，这种抢夺结婚的方式最后有如此美好的结局，我觉得正好再现了三千多年前中国某一个家庭在算命时留下来的结果，告诉我们这个场景。在《周易》里面有很多这方面的描述，不仅仅是这种婚姻，今天我只选取了一个，学者们把这种方式称之为“劫夺婚”，直到20世纪的中国还有这样的仪式。

——原文为2008年12月7日在东莞“市民学堂”所作报告的讲稿，载：李东来编，《市民学堂》(第4辑)，2009年，第63-74页。

历史的长城：史部典籍

二十六史概述

纪传体史书是以人物为中心，结合记言、记事。这种体裁的史书可以更多地反映各类人物在历史上的活动，记述范围广泛，便于反映出一个时期历史的发展形势。但它不易清晰地表达历史发展的时间顺序和各事件、各人物之间的相互联系。纪传体史书一般是由本纪、世家、载记、列传、书志、表和史论组成。本纪基本上是编年体，兼述帝王本人事迹；世家主要是记载诸侯和贵族的历史；载记是叙述割据政权的历史；列传是各方面代表人物的传记；书志是关于典章制度和有关自然、社会各方面的历史；表是用来表示错综复杂的社会情况和无法一一写入列传的众多人物；史论是对历史人物和历史事件的评论。优秀的纪传体史书把这些体裁配合起来，在一部史书里形成一个相辅相成的整体。

《史记》的出现，标志着纪传体史书的产生，中国史书由此进入了一个新的发展阶段。自此以后，纪传体史书渐渐在史书中居于主流，被封建政府视为正史。《史记》所创造的纪传体，树立了纪传体史书编纂的典范，对后世史书的发展起了极大的推动作用。后来的史家撰写纪传体史书，在体裁上基本是沿着《史记》的路子走的。《汉书》是第一部纪传体断代史，自此以后，历朝修的纪传体以断代史为主。纪传体正史共有二十五种，称“二十五史”。《清史稿》也是用纪传体修的，合在一起共二十六种。这二十六部史书是：

《史记》，西汉司马迁，130 卷；

《汉书》，东汉班固，100 卷；

《后汉书》，南朝宋范晔，120 卷；

《三国志》，晋陈寿，65 卷；

《晋书》，唐房玄龄等，130 卷；

《宋书》，南朝梁沈约，100 卷；

《南齐书》，南朝梁萧子显，59 卷；

《梁书》，唐姚思廉，56 卷；

《陈书》，唐姚思廉，36 卷：

《魏书》，北齐魏收，130 卷；

《北齐书》，唐李百药，50 卷；

《周书》，唐令狐德棻，50 卷；

《隋书》，唐魏征等，85 卷；

《南史》，唐李延寿，80 卷；

《北史》，唐李延寿，100 卷；

《旧唐书》，后晋刘昫等，200 卷；

《新唐书》，宋宋祁、欧阳修等，225 卷；

《旧五代史》，宋薛居正等，150 卷；

《新五代史》，宋欧阳修，74 卷；

《宋史》，元脱脱等，496 卷；

《辽史》，元脱脱等，116 卷；

《金史》，元脱脱等，135 卷；

《元史》，明宋濂等，210 卷；

《新元史》，民国柯劭忞，257 卷；

《明史》，清张廷玉等，332 卷；

《清史稿》，民国赵尔巽等，529 卷。

史记与汉书

《史记》是我国第一部纪传体通史，记载着上自黄帝，下到汉武帝时期的近三千年的历史事迹。全书分十二本纪，十表，八书，三十世家，七十列传，共 130 篇。《史记》的作者是西汉著名的史学家司马迁。据《史记·太史公自序》记载，司马氏世为史官，司马迁的父亲司马谈，曾为汉代太史令，作过《论六家要旨》，并立志要作一部史书，然书末成而卒，临终前，司马谈对司马迁说："幽厉之后，王道缺，礼乐衰，孔子修旧起废，论《诗》《书》，作《春秋》，则学者至今则之。自获麟以来，四百有余岁，而诸侯相兼，书记放绝。今汉兴，海内一统，明主贤君忠臣死义之士，余为太史而弗论载，废天下之史文，余甚惧焉，汝其念哉！"（《史记·太史公自序》）这是说，自春秋末至汉初的四百余年的历史，还没有一部史书加以完整记载。司马迁为太史令，秉承父志，决心完成父业。

当时，社会稳定，司马迁又有机会读到国家收藏的图书典籍和各种档案材料，并且，司马迁在年轻的时候，曾游遍了大半个中国，搜集了不少逸文逸事，这都为写作《史记》打下了良好的基础。

司马迁在《史记》草创未就之际，于天汉三年（前 98 年），因替投降匈奴的李陵辩解，得罪入狱，受腐刑。出狱后继续发愤著述。他说："仆诚以著此书，藏之名山，传之其人，通邑大都，则仆偿前辱之责，虽万被戮，岂有悔哉！"（《报任安书》）司马迁忍辱写作，抒之愤懑，发其蕴蓄，立志要写成一部昭著千古、流传万世的史著。

《史记》的内容十分广泛，本纪记载历代帝王世系与国家大事；表记载帝王、诸侯、贵族、将相大臣的世系、爵位与简要的政治事迹，分为世表、年表、月表三种；书分别记述天文、历法、礼、乐、封禅、水利、经济等制度和情况；世家主要记述西周、春秋、战国时期诸侯的世系及历史，汉代丞相、功臣、宗室、外戚、孔子和陈涉的事迹；列传是全书的主要部分，记述社会各阶层、各方面的重要人物及各少数民族和邻国的历史；全书各篇中有"太史公曰"，这是作者对历史事件和历史人物的评论及一些史实的补充。书的最后一篇《太史公自序》，叙述司马迁的家世和事迹，并说明撰写本书的经过、意旨及作者的史学见解。《史记》所利用的材料大多准确可靠，如班固所说："自刘向、扬雄博极群书，皆称迁有良史之材，服其善序事理，辨而不华，质而不俚，其文直，其事核，不虚美，不隐恶，故谓之实录"（《汉书·司马迁传》）。更为可贵的是，司马迁十分重视人在历史上的作用，并力求探索时势的变化与个人际遇的关系，阐明历史进化的过程，以写成具有自己独特风格的著作，这就是所谓"究天人之际，通古今之变，成一家之言"（《报任安书》）。

《史记》不仅是一部著名的史学著作，同时也是一部优秀的文学著作，司马迁具有高超的语言艺术，他运用时代语言，刻划历史人物的性格、特点，生动而简炼。同时，司马迁能在叙述过程中，寓论断于叙事之中，写出事实的原委，让读者作出评价和结论。

《史记》问世之后，很受人们看重。在西汉，就不断有人来作“续史记”。据刘知几《史通·古今正史》所载，在班固以前，作续《史记》的有十几家，如刘向、刘歆、扬雄等。班固的父亲班彪也续《史记》，称为《史记后传》，共数十篇。班彪死后，班固因父所续前史不详，继续撰写。后班固任兰台令史，《汉书》的写作得到了政府的认可和支持。班固用了20余年的时间，广泛搜集资料和前人著述，写成《汉书》100篇。《汉书》记事自高祖元年（前206年），至王莽地皇四年（23年），分十二纪、八表、十志、七十列传。

《汉书》中不少篇章，是班固在前人撰述的基础上写成的。书中记汉初至武帝中叶事，是沿用了《史记》的资料，但史文有损益，也补充了些新史料，并且增加了《惠帝纪》《张骞传》《西域传》等。此外，班固也可能采录了父亲班彪和刘歆等人关于西汉史的书稿。据东晋葛洪在《西京杂记·后序》中称，刘歆曾写有《汉书》100卷，其书仅是手稿，首尾参错、前后倒乱的地方不少。葛洪说：“洪家具有其书，试以此记考校班固所作，殆是全取刘氏，有小异同尔。并固所不取不过二万许言，今抄出为二卷，名曰《西京杂记》，以稗《汉书》之阙尔。”根据当代一些学者研究认为，《汉书》不仅用了刘歆的《七略》，其他部分也采用了刘歆的手稿，当然，采用的部分都是经过了班固的加工和润色。班固死后，《汉书》中的八表及《天文志》尚未完成，经班昭和马续的续补，始成全帙。

《汉书》在体例上仿《史记》，但也有一些变动。它是我国第一部纪传体断代史，改“书”为“志”，去掉“世家”。《汉书》的十志比《史记》八书的内容更为全面，增加了《刑法》《五行》《地理》《艺文》四志。

又增写了《百官公卿表》《古今人表》，其表、志中包含了通代的内容，这是因为典章制度往往是前后相承，不能只写一个朝代，而割断其前后的联系。

人们常称“马班”“史汉”，把《史记》与《汉书》相提并论。事实上，班固的历史观和历史方法论远不如司马迁进步。《史记》把西汉王朝放在历史发展过程中，作为历史的一个环节加以记述，《汉书》则运用五德终始学说，认为汉是承尧运而建国，并编造了一个自唐虞起的刘邦世系，这是班固封建正统观念的表现。另外，《汉书》舍弃了《史记》的“究天人之际，通古今之变”的历史方法论，而把天人感应的神秘学说，特别是五行灾异学说当作社会现象的永恒规律来宣扬，在《汉书》的《五行志》中，集中地表现了班固的这种思想。这都说明了班固作为一个历史学家而缺少历史态度和客观的精神。当然，《汉书》的材料丰富，内容详细，尤其是十志的博洽，这些都是值得肯定的。

魏晋南北朝的纪传体史书

《史记》与《汉书》相继问世，对后世产生了十分巨大的影响。魏晋南北朝时期，史家运用纪传体撰史蔚为风气。《隋书·经籍志》指出，陈寿用纪传体写成《三国志》之后，“自是世有著述，皆拟班、马，以为正史，作者尤广。一代之史，至数十家。”唐初魏征等人编撰《隋书·经籍志》，将历代最正规、最重要的纪传体史书集于一类，名之“正史”，清初诏定的二十四部正史中，成书于魏晋南北朝时期的正史有五部，这五部是范晔的《后汉书》、陈寿的《三国志》、沈约的《宋书》、肖子显的《齐书》、魏收的《魏书》。

在魏晋南北朝时期的各家后汉史书中，范晔的《后汉书》质量最佳。范晔（398–445 年），字蔚宗，刘宋时人，《宋书》本传上称范晔“少好学，博涉经史，善为文章，能隶书，晓音律”，是一个有多方面才华的人。他在史学上认为，魏晋各家关于东汉史书都不能令人满意，于是仍以《东观汉记》为主要依据，吸取各家之长，编写《后汉书》90 卷，其中纪 10 篇，列传 80 篇，原计划写志 10 篇，但志未成就下狱而死。范晔受华峤《汉后书》影响较大，列《皇后纪》，在传论等方面也吸收了不少《汉后书》的内容。此外，《后汉书》又根据东汉历史的具体特点，新增《党锢》《宦者》《文苑》《独行》《方术》《逸民》《列女》《孝子》等传。每篇之末，附以《论》《赞》。范晔对自己的书很自负。他在《狱中与诸甥侄书》中称：“吾杂传论，皆有精意深旨，既有裁味，故约其词句。至于《循吏》以下及《六夷》诸序论，笔势纵放，实天下之奇作。……虽事不必多，且使见文得尽。又欲因事就卷内发论，以正一代得失，意复未果，赞自是吾文之杰思，殆无一字空设，奇变不穷，同合异体，乃自不知所以称之。此书行，故应有赏音者。纪、传例为举其大略耳，诸细意甚多。”我们认为，范晔的自我评价并非是言过其实。后来刘知几在《史通・书事篇》中也称：“范晔博采众书，裁成汉典。观其所取，颇有奇工。”范晔《后汉书》问世以后，其他各家纪传体东汉史书就逐渐淹没，唯范书流传至今，这也能说明范书的价值了。后人惜范书缺志，遂以司马彪《续汉书》八志 30 卷补上，始得完帙。

将三国历史合为一书的是陈寿的《三国志》。陈寿（223–297 年），字承祚，曾受学于谯周，在蜀国任观阁令史等职，入晋，任佐著作郎、著作郎等职，作有《古国志》50 卷，《益都耆旧传》10 篇，编成《诸葛亮集》24篇。《三国志》是陈寿的代表作，共65卷，其中《魏志》30卷，《蜀志》15卷，《吴志》20卷。只有纪、传，无表、志。书中以魏为正统，用本纪来记载魏君的行事，吴、蜀二国一律称传。《三国志》一书取材谨严，叙事简净，但由于材料缺乏，书中对一些重要事件和历史人物缺少详细记载。《三国志》无表、志，这样就不能全面反映这一时期的历史全貌。

南北朝期间，史家对本朝历史的撰写主要有齐沈约的《宋书》、梁肖子显的《齐书》、北齐魏收的《魏书》。刘宋元嘉年间，就有著作郎何承天撰写本朝纪传体史书，山谦之、裴松之、苏宝生等人对何书都不断有续补。大明六年（426年），著作郎徐爰根据前人撰述，写成《宋书》65卷。徐爰《宋书》不仅对宋末10余年历史阙而不载，且叙事多虚，难以取信。齐时，沈约在徐爰《宋书》的基础上，写成《宋书》100卷。沈约（441–513年），字休文，《南史》本传上说他“笃志好学，昼夜不释卷”，并且好典籍，喜藏书，聚书至2万卷。一生著述众多，其主要成就还是在史学上。20余岁时，认为晋代尚无全史，即开始撰述，历20余年，写成《晋书》120卷。齐时，沈约任著作郎，中书郎等职，敕撰国史和起居注。永明五年（487年），奉敕撰修《宋书》。《宋书》100卷，其中本纪10卷，列传60卷，志30卷，记宋一代史事。列传中新创《恩幸传》《索虏传》，前者是为寒门出身的官吏立传，后者是记北魏事迹。《宋书》诸志不仅记刘宋一代制度，同时上溯到曹魏，中间包括晋代，资料十分宝贵。《州郡志》详细记载了南方地区自三国以来的地理沿革，以及东晋以来，侨置州郡分布情况和各州郡户口数；《律历志》收录《景初历》《元嘉历》《大明历》的全文；《乐志》收录了许多汉魏乐府诗篇，《礼志》兼具郊祀、舆服等内容。《宋书》无《食货》《刑法》《艺文》等志，但食货、刑法等内容分散于纪传部分。

总之,《宋书》材料详细，内容十分丰富，是目前研究刘宋历史的最主要参考书。

南朝齐的历史，当时就有江淹写出 10 志，沈约写《齐纪》20 篇。至梁朝时，萧子显写成《齐书》60 卷。萧子显（487–537 年），字景阳，任中书郎等职，曾对各家《后汉书》考证异同，写成《后汉书》100 卷。《齐书》写成于梁天监年间,原 80 卷,唐初佚去《序录》1 卷,今存 59 卷。其中纪 8 卷，志 11 卷，传 40 卷。《齐书》叙事简洁，虽保存了不少当时的原始资料，但内容仍嫌单薄。后人为区别唐李百药撰写的《北齐书》，称《齐书》为《南齐书》。

北朝现存下来的纪传体史书有魏收的《魏书》。魏收（506–572 年），字伯起，历仕北魏、东魏、北齐三朝。北魏时，崔浩、李彪等人修魏史。刑峦撰《孝文起居注》，书至太和十四年，后崔鸿等人为之续补，叙事至孝明皇帝。济阴王晖业撰《辨宗实录》30 卷。魏收在上述材料的基础上与房延祐、辛元植、刁柔、裴昂之、高孝干等人共撰《魏书》，写成 12 纪、92 列传，合 110 卷。后又写成十志，其中《天象》4 卷，《地形》3 卷,《律历》2 卷,《礼》4 卷,《乐》1卷,《食货》1 卷,《刑罚》1 卷,《灵征》1 卷,《官氏》2 卷,《释老》1 卷，凡 20 卷，合纪传，共 130 卷。书中 35 例、25 序、94 论、前后二表一启,是由魏收一人写成。《魏史》出后，曾有多人讥议其叙事不实，北齐孝昭帝命魏收重加研审，并有不少改正,后主时再度修改。《魏书》记北魏、东魏、西魏三朝史事，历来评论《魏书》，毁誉不一，其实《魏书》保存了不少当时的原始材料，尤其十志，更为珍贵。十志中,《官氏志》,《释老志》为新创。《官氏志》记载官制、阶品和魏拓拔部及所属部落的姓氏由来、改汉姓情况等。《释老志》载佛教、道教始末及寺院经济，是宗教史的重要资料。

唐修八史

唐刚一立国，就准备编写前朝历史。起居舍人令狐德棻曾向高祖建议，要求修梁、陈、齐、周、隋五朝史。贞观三年，五朝史开始编写，当时参加修撰的有尚书左仆射房玄龄，侍中魏征，散骑常侍姚思廉，太子右庶子李百药，孔颖达，礼部侍郎令狐德棻，中书侍郎岑文本，中书舍人许敬宗等人。到贞观十年，五朝史修成。

五朝史中，《梁书》《陈书》为姚思廉撰。姚思廉的父亲姚察，曾历仕梁、陈、隋三朝，博通典籍，精于史学，他根据自己的亲身经历，撰写梁、陈二史，未成而卒。《陈书》姚察本传上，思廉论及此事时说："梁、陈二史本多是察之所撰，其中序论及纪传有所阙者，临亡之时，仍以体例诫约子思廉，博访撰续。思廉涕泣奉行。……大业初，内史诗郎虞世基奏思廉踵成梁、陈二代史，自尔以来，稍就补续。"自大业初年以后，姚思廉开始在父亲旧稿的基础上加以续补，到贞观三年，正式受诏与魏征同撰梁、陈二史。事实上魏征二书用力较少，如《旧唐书》姚思廉本传上说："魏征虽裁其总论，其编次笔削，皆思廉之功也。"

《梁书》记载南朝梁代历史，纪 6 卷，列传 50 卷，共 56 卷。《陈书》记载南朝陈代历史，纪 6 卷，列传 20 卷，共 26 卷。现在梁、陈二朝保存下来的史料已经不多，这两本书是比较原始的材料。姚察曾仕梁、陈二朝，思廉也在陈朝做过官，因此他们在梁、陈二史中，不免为统治者隐恶扬善，回护溢美。

《北齐书》50 卷，李百药撰。李百药的父亲李德林在北齐时曾预修齐史，写成纪、传 27 卷。至隋开皇初年，又奉诏续撰，增至 38 卷。到唐贞观初年，太宗命李百药据父旧稿续修，经 10 余年，《北齐书》修成，其中纪 8 卷，列传 42 卷，记载北朝齐的历史。由于东魏与北齐的历史有紧密的联系，《北齐书》实际记事是从东魏开始。《北齐书》在唐代中期以后，就逐渐残缺，现存的《北齐书》中只有 17 卷是原文，其他卷数是后人从《北史》中抄来补缺的。

《周书》，令狐德棻等撰。令狐德棻是唐朝一个很有远见的学者，他曾建议购求天下遗书，置吏补录秘书之缺。贞观三年，诏修五代史，德棻与秘书郎岑文本、殿中侍郎崔仁师同撰《周书》，本书共 50 卷，其中纪 8 卷，列传 42 卷，记载北周一代历史。原书在北宋时已残缺，今本是宋人取《北史》等书补缀而成的。

《隋书》85 卷，其中纪、传 55 卷，魏征等撰，记载隋代历史。志的部分，原称《五代史志》30 卷，长孙无忌等撰，记梁、陈、齐、周、隋五代的典章制度，部分远溯到汉魏，有较高的史料价值。《隋书》纪传部分始撰于贞观三年，参加修撰的有魏征、颜师古、孔颖达等人，到贞观十年修成。至此，梁、陈、齐、周、隋五代史都已修成，但五史仅有纪传，没有志。于是贞观十五年，又诏修五代史志，参加修撰的有于志宁、李淳风、韦安仁、李延寿、令狐德棻等，长孙无忌监修，收成于高宗显庆元年（656 年），共十志 30 卷。十志本为五史而作，内容也通括五代，故当时称《五代史志》。由于五代史各自单行，所以把《五代史志》就编入五代史的最后一部《隋书》中，因此《五代史志》又称《隋志》。隋朝离唐初不远，《隋书》中的材料应当比较真实可靠。尤其十志部分，更为重要。宋高似孙在《史略》卷二中说："《隋志》独该五代，南北两朝纷然淆乱未易贯穿之事，读其书则了然如在目。"其《百官志》

《刑法志》《食货志》《经籍志》等志，为当时政治、法律、经济、文化等方面提供了重要史料。《经籍志》对汉到隋600年来的学术源流、书籍存亡作了总结。《律历志》《天文志》都上溯魏晋，史料也都极为重要。

上述五史都是官修的，在唐初修撰的八部正史中，有两部是奉敕私撰的，这就是李延寿的《南史》和《北史》。李延寿的父亲李大师也精于史学，他认为南北分裂时期，各国修撰的史书往往详于本国，略于他国，并且史书中南方称北方为“索虏”，北方称南方为“岛夷”。李大师想改变这一情况，于是着手用编年体编写一部南北朝通史，然书未成而卒。贞观十年，李延寿参加《五代史志》的编修工作，并借此机会，完成父亲的未竟之业。李延寿改编年为纪传，用了16年时间，写成《南史》80卷，《北史》100卷。《南史》起南朝宋武帝永初元年（420年），讫陈后主祯明三年（589年），记载南朝宋、齐、梁、陈四代史事。《北史》起北魏道武帝登国元年（386年），讫隋恭帝义宁二年（618年），记北朝魏、齐、周和隋四代史事。《南史》和《北史》的材料主要来自上八代的正史，但在部分篇章内也新增了八史不载的史料。南、北二史取消了“岛夷”“索虏”等称谓，列传部分不以王朝为断限，而以家族为中心立传，反映了魏晋以来我国民族大融合的历史发展的进程。此外，南、北二史不像八书那样回护徇私，基本上能够反映历史的真实。在历史文献学上，南、北二书也是有贡献的，由于二史的材料主要是来自八史，因此可用南、北史校勘八史的谬误，并可用来补八史的残缺。

唐贞观十八年，政府诏修《晋书》。晋和南北朝期间流传下来的晋书都不够完善，是这一次重新撰修正史的主要原因。当时参加《晋书》撰写的有房玄龄、令狐德棻等20余人。新撰《晋书》是以臧荣绪的《晋书》为底本，并参照了各种关于晋代的史籍。贞观二十年（646年），《晋书》修成，凡纪 10 卷，十志 20 卷，列传 70 卷，载记 30 卷，共为 130 卷，记载约历时一个半世纪的两晋历史。《晋书》中的载记 30 卷，是二十四史中的新创，颇具特色。载记专门用来记载两晋时期，我国北方少数民族建立的国家，它先用一个“序”简要介绍了各民族政权兴替的大略情形，然后以时间顺序，分篇目叙述，极有条理。《晋书》为官修史书，回护和忌讳较多，又因书出众手，成书较快，书中矛盾和错漏的地方也不少，这说明新修的《晋书》也并不是十分完善的。

唐以后的纪传体史书

在二十四史中，《旧唐书》修成于五代，《新唐书》《旧五代史》《新五代史》修成于宋代，宋、辽、金三史成书于元，元、明二史分别编成于明清。二十四史之外，成书于清代之后的《新元史》和《清史稿》，是列入 26 史中的最后两部书。

《旧唐书》200 卷，修于后晋时期，署名刘昫撰，事实上刘昫仅是领衔具名而已，实际撰写人是张昭远、贾纬、赵熙、郑受益、李为先等人。《旧唐书》所依据的材料主要是唐代的实录与国史。但唐代在安史之乱后，史料损失严重，唐末农民战争不断，史料无人整理，因此唐后期的史料多不完备，所以《旧唐书》所载事迹大致是详于开元天宝以前，略于宣宗以后。

《新唐书》225 卷，北宋欧阳修、宋祁等撰。新书晚于旧书 100 余年，一些分散、隐藏的材料被新书所利用，反而是旧书所未见。据《新唐书·艺文志》记载，唐代不下百余种书为修旧书时所未见，新书所依据的材料要比旧书丰富。

《旧唐书》本纪 20 卷，《新唐书》本纪 10 卷，从内容上看不及旧书一半。《旧唐书》列传 150 卷，《新唐书》列传卷数相同。在内容方面，新书删去旧书 61 人，增 331 人，并在旧书的基础上，新立了《卓行》《奸臣》《叛臣》《逆臣》等传。从纪传两方面看，旧书要比新书详细，保存的原始资料要比新书多。表、志方面新书很有些独到之处。旧书志 30 卷，有 11 门类，由于限于材料，其《历志》《经籍志》只写到唐玄宗，以后缺而不载。《新唐书》志 50 卷，其中《仪卫》《兵制》《选举》三志为旧书所无，而《兵》《食货》《地理》《艺文》诸志比旧书都详实完整。《新唐书》又有表 15 卷，其中《宰相表》3 卷，《方镇表》6 卷，《宗室世系表》1 卷，《宰相世系表》5 卷。

关于五代历史，正史中有《旧五代史》《新五代史》二书。北宋初年，诏修五代历史，薛居正监修，参加修撰的有卢多逊、扈蒙、张澹、李昉、刘兼、李穆、李九龄等人。《旧五代史》取材于五代各朝实录，体例仿《三国志》，五代各自为书，并以十国为伪，分别列入《世袭传》《僭伪传》和《外国传》等。另有十志 12 卷，反映五代时期的典章制度。《旧五代书》原本 150 卷，后散佚，今本是清邵晋涵所辑。

《新五代书》，原名《五代史记》，74 卷，北宋欧阳修撰。《宋史》欧阳修本传上说："自撰《五代史记》，法严词约，多取《春秋》遗旨。"《新五代史》体例上仿《史记》，先叙各朝本纪，接之各朝列传，在书法上仿《春秋》，不仅意存褒贬，而且在叙事上不求详细，只求简约。如本纪，《旧五代史》有 61 卷，《新五代史》仅 12 卷，可见删除的内容很多。《新五代史》作世家 10 卷，分别记十国史事，并改志为考，只有《司天》《职方》二考，很不完全。

元代初年就开始计议修撰宋、辽、金三史，由于“正统”“义例”诸问题未决，一直拖延到元顺帝至正三年才开始正式修撰三史，脱脱为三史总裁官。

《宋史》496卷，有本纪47卷，志162卷，表32卷，列传255卷，为二十四史中篇幅最大的一部。宋代有大量的史料流传下来可资利用，由于成书短促，《宋史》没有充分利用这些史料，只较多地抄袭宋代国史，也没有对史料进行去粗取精，去伪取真，认证剪裁的工作，因为《宋史》存在着相当多的问题，如详于北宋而略于南宋；因无国史可据，诸志于宁宗以后缺而不备；一人二传，一事重出，重复、错乱之处较多。但从史料的角度来看，《宋史》篇帙巨大，保存了相当丰富的宋代史料，对研究宋代历史相当珍贵。

《辽史》116卷，有本纪30卷，志32卷，表8卷，列传45卷，国语解1卷。本纪部分不仅反映了辽太祖等九朝历史，同时对太祖以前的契丹族的兴起及天祚帝以后的西辽情况也作了叙述。志分营卫、兵卫、地理、历象、百官、礼、乐、仪卫、食货、刑法等，其中营卫、兵卫为新创，记述了辽朝官卫、行营、部族及军队戍边等情况，颇有新意。由于辽朝流传下来的资料较少，修《辽史》时又未吸取宋人关于辽代的大量记载，所以《辽史》有颇多粗疏简略之处。当时编修《辽史》的主要依据是辽耶律俨的《实录》和金陈大任的《辽史》，而这两本书现已失传，记载辽代史事的其他书籍又很少，因此《辽史》越发显得珍贵了。

《金史》115卷，有本纪19卷，志18卷，表4卷，列传73卷，金国语解1卷。本纪第1卷是《世纪》，记载金太祖以前女真族发展的历程，第19卷为《世纪补》追记前诸帝史事。《金史》材料相当丰富，当时修史主要依据的有比较完整的金朝各代实录，此外王鹗的《金史》

《汝南遗事》，元好问的《野史》《壬辰杂编》《中州集》，杨奂的《天兴近鉴》，刘祁的《归潜志》等书，都是修《金史》的主要参考资料。而且，《金史》也不像宋、辽二史仓促成书，粗疏错乱的地方相对要少些，故《四库全书总目》说："是元人之于此书，经营已久，与宋、辽二史取办仓卒者不同。故其首尾完密，条例整齐，约而不疏，赡而不芜。在三史之中，独为最善。"（卷四六）

明朝一建立，就开始修撰元朝历史。《元史》，共210卷，宋濂、王祎等撰。本书主要是根据元代实录、国史和《经世文典》《元典章》等资料修成的，其中本纪47卷，志58卷，列传97卷，表8卷，记叙元太祖称汗（1206年）至元顺帝至正二十八年（1368年）的元朝史。这本书成书仓促，存在较多的缺点，如没有广泛搜集资料，像《蒙古秘史》这样重要的书都未参考。此外，一些重要的人物，如未老温等缺传，还有一人两传的情况，其中疏舛及人名不统一的地方也不少。因此，《元史》问世以后，为之补修或改修的人很多。有邵远平的《元史类编》，魏源的《元史新编》、洪钧的《元史译文补正》、曾廉的《元书》、屠寄的《蒙兀儿史记》等,其中比较重要的是民国柯劭忞撰的《新元史》257卷。本书参考了《蒙古秘史》《永乐大典》中的元代史料及有关元代的史著、文集、笔记等，此外还引用了不少域外史料，内容比《元史》要丰富。北洋军阀政府下令将该书列入正史，为《二十五史》之一。

明末清初，不少史学家撰修明史，其中最著名的是谈迁所撰的《国榷》，108卷，编年体明代史。书中对于明实录中避而不谈的一些重要史实，敢于直书，对于一些史实，精审考订，史料具有相当的可靠性。明亡后，谈迁又大量收集明代邸报、政府公文、方志及前朝官吏、遗民的口述，进一步充实和订正了《国榷》，其所载万历以后明与后金的史实，为它书所不及，史料价值较高。清朝官修的明代纪传体正史《明史》，是二十四史中的最后一部，先后由徐元文、王鸿绪、张廷玉任监修或总裁。全书332卷，有本纪24卷，志75卷，表13卷，列传220卷。清顺治二年（1645年）设史馆诏修《明史》，历时20年，一事未成。康熙四年（1665年）下诏重修，十八年，徐元文任监修，朱彝尊等著名学者都加入史馆，从事修史，万斯同以“布衣”身份参与编修。五十三年，王鸿绪任总裁。王鸿绪在万斯同手稿的基础上加以修改增损，成《明史稿》310卷。雍正元年，张廷玉任总裁，对《明史稿》进行修改，十三年定稿。《明史》内容很充实，材料力求详而有征，新增《阉党传》《流贼传》《土司传》《七卿表》等。《艺文志》只载明人著述。

清朝亡后，北洋政府于1914年设馆修清史，由赵尔巽任馆长，参加编写者近百人，1928年定名《清史稿》付印。今本《清史稿》529卷，凡本纪25卷，志135卷，表53卷，列传316卷。本书仓猝付印，疏漏很多，但它毕竟是在大量史料的基础上修撰而成的，对清史的研究仍具有一定的参考价值。

编年体史书与《资治通鉴》

编年体是一种最古老的史书编纂形式。先秦时期的许多史书都是用编年体写出来的，编年体史书成为先秦历史文献中的主流。自汉代司马迁《史记》问世以后，纪传体史书开始兴起，它以记叙全面、包罗宏富的巨大优越性逐渐取代编年体的地位而成为汉唐时期史书的主流。《隋书·经籍志》及以后的各史志目录都把纪传体史书视为“正史”，列在各类史书之首，而编年体史书只能称作“古史”“编年史”或“别史”而屈居下位。在汉唐时期，编年体史书的数量也远远少于纪传体史书，《隋书 · 经籍志》史部著录两汉到南北朝时期的纪传体史籍为 67 部，3083 卷，通计亡书合 80 部，4030 卷。编年体史书为 34 部，666 卷。《新唐书·艺文志》著录汉唐之间的纪传体史书为 70 家，90 部，4085 卷；编年体史书为 41 家，48 部，947 卷。不论从史书在史志目录中的地位来看，还是从史书的数量来看，在我国历史文献发展进程中，汉唐期间是编年体史书的中衰时代。

两宋以来，编年体史书的衰落局面得到了改变。司马光《资治通鉴》问世以后，编年体重新受到了人们的重视，两宋时期是编年体史书复兴的时代。编年体史书复兴的主要原因大概有如下两点：（一）唐代以后，正史官修的确立，纪传体成了政府编写前代史的唯一体裁形式，而私家修史则较少，甚至不敢运用纪传体来编写历史，以避免与统治者的旨意相违，这样编年体的形式则较多地为私家修史所采用；（二）《资治通鉴》的问世，推动了编年体史书的发展。《资治通鉴》编写方法的科学，体裁形式的完善和取材范围的广泛，选择资料的精审诸方面，都产生了巨大的影响。后世对《资治通鉴》的补头、续尾、节要之类的史书络绎不绝，仿作、改写之书也不断涌现，以《资治通鉴》为中心，形成了一套庞大的编年体史书的系统，其中比较重要的有：

《通鉴外纪》，北宋刘恕，10 卷；

《通鉴前编》，南宋金履祥，18 卷；

《资治通鉴》，北宋司马光，294 卷；

《续资治通鉴长编》，南宋李焘，1063 卷；

《建炎以来系年要录》，南宋李心传，200 卷；

《续宋编年资治通鉴》，南宋刘时举，15 卷；

《宋元通鉴》，明薛应旂，157 卷；

《宋元通鉴》，明王宗沐，64 卷；

《资治通鉴后编》，清徐乾学，184 卷；

《续资治通鉴》，清毕沅，220 卷；

《明通鉴》，清夏燮，100 卷。

其中，以司马光的《资治通鉴》最有影响。《资治通鉴》294 卷，北宋司马光主编。全书记载了上自周威王二十三年（前 403 年），下讫后周显德六年（959 年）的 1362 年的历史，是中国古代一部著名的编年体通史。

司马光（1019–1086 年），字君实，曾任龙图阁学士、翰林学士等职，是北宋时的著名史学家。他认为："《春秋》之后，迄今千余年，《史记》至《五代史》，1500 卷，诸生历年莫能竟其篇第，毕世不暇举其大略，厌烦趋易，行将泯绝。予欲托始于周威烈王命韩、魏、赵为诸侯，下迄五代，因丘明编年之体，仿荀悦简要之文，网罗众说成一家书"（刘恕《通鉴外纪后序》引司马光语）。历代史书繁杂，人们不能遍览，司马光要用编年体编写一部简要的通史，以成一家之书，方便人们习读。这是司马光编写《资治通鉴》的主要原因。

司马光不仅是史学家，也是政治家，他在撰写史书的同时，也希望自己的书能为君主治国提供借鉴。他在《进资治通鉴表》中说："臣常不自揆，欲删削冗长，举撮机要，专取关国家盛衰，系生民休戚，善可为法，恶可为戒者，为编年一书。"并通过史书"鉴前世之兴衰，考当今之得失，嘉善矜恶，取是舍非，足以懋稽古之盛德，跻无前之至治。"《资治通鉴》的撰写是有着从历史中为君主提供统治经验的目的的。

到治平三年（1066 年），司马光写成《通志》8 卷，上起战国，下至秦二世，英宗皇帝看后十分欣赏，命司马光在崇文院设置书局，自选助手，续成此书，并可以借官府藏书参考。当时司马光选定刘攽、刘恕、范祖禹做助手，开始大规模修撰。刘攽负责汉代部分，刘恕负责魏晋南北朝及五代十国部分，范祖禹负责唐代历史部分。神宗即位后，为《通志》写了篇序，并定名为《资治通鉴》。后来司马光退居洛阳，继续编写《资治通鉴》，直至元丰七年（1084 年），全书告成，前后共用了十九年的时间。

《资治通鉴》一书取材十分广泛，正史、实录之外，杂史、小说、文集等书无不采获。司马光曾说："其实录、正史未必皆可据，杂史、小说未必皆无凭"（《与范内翰论修书帖》）。可见，司马光在择取材料的过程中，并不轻视正史、实录之外的材料。《资治通鉴》取舍材料十分认真，如果一事实有多种记载，作者写定这事实，总是从多种材料中选取最可靠的材料，并作考异，记录比较各项史料的过程和取舍的理由，《资治通鉴考异》30 卷，就是作者考证材料的结果。《资治通鉴》一书是以政治、军事为主，同时也记载社会、经济、文化、制度等，它的内容包罗了社会历史的各个方面，非常丰富，不只是一部单纯的政治史。

纪事本末体和纲目体史书

我国史籍，在宋以前仍以纪传、编年二体为主，汉代以来，不少史学家都为这两种史体的完善作了许多贡献，但任何一种史书体裁都不可能达到尽美尽善的程度，编年、纪传二体也是如此，它们自身仍存在着一些难以克服的局限。刘知几曾指出，纪传体史书将同一事件，分在数篇，断续相离，前后屡出；编年体史书记载一事，往往散见数十年之间，读者很难弄清事情发生的来龙去脉。这样，不少史学评论家就强调对于史事作较完整叙述的重要性，对史书提出“尽事之本末”的要求。南宋袁枢正是在这样的要求下，开始对《资治通鉴》进行改编，他将《通鉴》全书内容区分门类，分隶239目，每事一篇，自为起讫。各篇之间，略按时间顺序编排撰成《通鉴纪事本末》42卷，构成了纪事本末体史书的基本形式。纪事本末体是以记事为中心，以事立篇，每篇一事，自为起讫。但在各篇的安排上仍以时间为顺序，而各篇的内容也是以时间次序进行有系统地叙述。纪事本末体虽然可以避免编年体和纪传体某些方面的不足，但这种体裁之分立事目，仅能抽取全部历史的某些方面加以记载，而不是对整个历史作全面有系统的叙述，其本身也不能容纳较多的史实，仍存在着一定的局限性。这种局限性说明纪事本末体仅是对编年体某些方面的补充，而不能代替编年体。

《通鉴纪事本末》一书相比《通鉴》而言，在史料上没有新增。更为重要的是，袁枢作为一个史学家还缺少全面正确地认识历史的观点。在他的选题中，只有战争、动乱和叛反，缺少和平、安定与统一。如在卷二卷三写的都是汉代中期以前的事，在这里都是“高祖灭楚”“诸将之叛”“诸吕之变”“南粤称藩”“七国之叛”“梁孝王骄纵”“淮南谋反”“武帝伐匈奴、平两越、击朝鲜”之类事，书中不载汉统一的意义，不载汉初统一安定的局面，不载“文景之治”。这样错误地、片面地认识历史，只能把历史写成一部相斫书。

当然，《通鉴纪事本末》在体裁上是有创新的，书成之后，得到了后人很高评价。《四库总目提要》称之“前后始末，一览了然。遂使纪传、编年贯通为一，实前古之所未见也”（卷四九）。在这本书的影响下，元、明、清几代先后出现了大批的纪事本末体史籍，形成了一个纪事本末体史书的系统。这一系统的史书主要有：

《左传纪事本末》，清高士奇撰，53 卷；

《通鉴纪事本末》，宋袁枢撰，42 卷；

《宋史纪事本末》，明陈邦瞻撰，109 卷；

《辽史纪事本末》，清李有棠撰，40 卷；

《金史纪事本末》，清李有棠撰，52 卷；

《西夏纪事本末》，清张鉴撰，36 卷；

《元史纪事本末》，明陈邦瞻撰，27 卷；

《明史纪事本末》，清谷应泰撰，80 卷；

《清史纪事本末》，近人黄鸿寿撰，80 卷。

纲目体首先是由南宋著名学者朱熹创立的。朱熹认为《资治通鉴》不够尽善尽美，尤其是在“正统”问题上，难以令人满意。此外《通鉴》部头太大，需要有一本好的简本。因此朱熹创立义例，起讫依《通鉴》之旧，并从《通鉴》中节取事实，成《通鉴纲目》59 卷。他在该书自序中说：“表岁以首年，而因年以著统，大书以提要，而分注以备言。”提要以大字书写为纲，细节以分注的形式用小字写出为目，纲为朱熹自订，仿《春秋》书法，意存褒贬；目为其门人赵师渊所作，模仿《左传》。这本书由于其封建正统观念特别强烈，加上朱熹在思想界的影响，所以特别受封建统治者的重视。历代补前续后的著作主要有明南轩《通鉴纲目前编》25 卷，记事自上古，终于周威烈王。明高辂等奉敕撰《续通鉴纲目》27 卷，叙事自北宋至元末。清张廷玉等奉敕撰《通鉴纲目三编》40 卷，专叙明一代史事。

典制体史书

唐朝中期以后，在我国历史文献的发展史上，又出现了一种新的历史文献类型，这就是典制体史书。典制体史书分门别类，记载历代的典章制度。它是由纪传体史书中的志发展成为一种独立的体裁的。专门的典制体史书在唐代有《唐律疏议》，这是保存至今我国较早的法典，《大唐开元礼》是朝廷举行典礼的准绳，《大唐六典》是有关职官制度方面的书。我国第一部有影响的综合各部类而写成的典章制度专著，是唐杜佑的《通典》，以后每个朝代都有人仿照《通典》的体例进行写作，最终形成了一个典制体史书的体系：

《通典》，唐杜佑，200 卷，

《通志》，宋郑樵，200 卷；

《文献通考》，元马端临，348 卷；

《续通典》，清官修，150 卷；

《续通志》，清官修，640 卷；

《续文献通考》，清官修，250 卷；

《清通典》，清官修，100 卷；

《清通志》，清官修，126 卷；

《清文献通考》，清官修，300 卷；

《清朝续文献通考》，清刘锦藻，400 卷。

以上十本典制体史书，习惯上称为“十通”，1935 年商务印书馆将其合印，以后多次重版。这十本书对研究我国典章制度史有较大的参考价值，同时也可作为这方面史料检索的工具书。十通中尤以前三通最具影响。

杜佑（735–812 年），字君卿，长期主持理财工作，有着丰富的实践经验。大历元年（766 年）开始编撰《通典》，历时 36 年，直到贞元十七年（801 年）才完成此书。本书上自远古，下讫唐肃宗，汇集多种史料，记叙各代政治制度及其沿革，为后人提供了系统的资料。《通典》共 200 卷，分为食货、选举、职官、礼、乐、兵、刑、州郡、边防九门，各门都综合各代。唐以前的内容主要是取自各史的“志”和一些其他资料，唐朝的内容尤为丰富，约占全书的四分之一以上，主要是取自实录、国史及政府档案等，大多为第一手资料。《通典》创造了典制体史书的编撰体例，为后来众多的典制体史书的编写提供了典范。

唐代以后，典制体通史不断有人撰写。宋代郑樵的《通志》，上起三皇，下讫隋代，是一部纪传体通史。由于这本书的主要价值在于典章制度方面，因此，人们把《通志》也作为典制体史书看待。《通志》200 卷，其中本纪 18 卷，皇后列传 2 卷，列传 125 卷，年谱 4 卷，略 51 卷。所谓“略”相当于各史中的“志”，这是本书的精华。20 略中除礼、职官、选举、刑法、食货五略是节录于《通典》，其余则是作者多年搜求、独出心裁之作。六书、七音、艺文、校雠、图谱、金石六略都是属于文化方面的，《通典》都没有论述到。六书、七音二略的内容是关于文字学、音韵学方面的；艺文略是一部宋代以前的图书分类目录；校雠略阐明了整理图书、辩章学术的方法，是历史文献学的重要著作；图谱略指出了图表与书籍的相互作用；金石略扩大了史料的范围。此外，氏族、都邑、谥、昆虫草木略，都是郑樵新增的，为其他史书所无。

元初马端临所撰的《文献通考》，是典制体通史中又一本重要史著。

本书348卷，上自远古，下讫宋代，分为田赋、钱币、户口、职役、征榷、市籴、土贡、国用、选举、学校、职官、郊社、宗庙、王礼、乐、兵、刑、经籍、帝系、封建、象纬、物异、舆地、四裔等24门。《文献通考》是在《通典》《通志》二书的基础上发展的，分类详细，材料丰富，其中关于宋代的典章制度尤详，多为《宋史》各志所未备。有不少现在已见不到的史书，被《文献通考》部分地保存下来，十分珍贵。另外，《文献通考》用文、献、注的撰述原则，文是叙事，即采取史料；献是论事，即采摘历代名人的言论附于史料之后；注是作者自己的见解。如作者所说："其载诸史传之纪录而可疑，稽诸先儒之论辨而未当者，研精覃思，悠然有得，则窃以己意附其后焉"(《文献通考·总序》)。这种撰述方法具有一定的创造性。

典制体史书也有以断代为书的，这就是会要。唐代德宗时，苏冕以《唐六典》等书为基础，撰《会要》40卷。唐宣宗时，诏杨绍复、郑言等续补《会要》。由崔铉监修，成《续会要》40卷。北宋王溥续增至唐末，并与苏、杨二书合编为《新编唐会要》。宋代政府十分重视对本朝会要的撰修，特设立会要所，曾修会要10次，共计2200余卷。由于篇帙浩大，《宋会要》未加刊行，大约在明宣德年间就失传了。现存《宋会要辑稿》是清代徐松从《永乐大典》中辑出的。

宋代以来，为各代作会要的人多了起来。将官、私修的会要合在一起，也大致可以形成一套有系统的会要史籍：

《春秋会要》，清姚彦渠撰，4卷；

《七国考》，明董说撰，14卷；

《秦会要》，清孙楷撰，26卷；

《西汉会要》，宋徐天麟撰，70卷；

《东汉会要》，宋徐天麟撰，40卷；

《三国会要》，清杨晨撰，22 卷；

《唐会要》，宋王溥撰，100 卷；

《五代会要》，宋王溥撰，30 卷；

《宋会要辑稿》，宋代官修，清徐松辑，366 卷；

《明会要》，清龙文彬撰，80 卷；

《明会典》，明代官修，228 卷；

《清会典》，清代官修，100 卷。

学案体史书

清代学者在学术史的撰修方面，贡献最大的是黄宗羲、全祖望和江藩。其主要著作有《明儒学案》《宋元学案》和《汉学师承记》。

黄宗羲（1610–1695 年），字太冲，学者称其梨洲先生，清初思想家和史学家，清兵南下时，曾在浙东抗清，明亡，隐居讲学著书。清廷诏征博学鸿儒，并聘其预修《明史》，均坚辞不就。他是浙东史学的创始人，万斯同、万斯大等史学家皆受其业，全祖望、戴震亦受其影响。《明儒学案》是黄宗羲历史著作中的代表作，共 62 卷，该书写作要点，正如作者在凡例中所说的，共有三个方面：一是体现出学者学术宗旨，做到“分别宗旨，如灯取影”；二是所有材料，皆从被撰人的著作中选辑；三是按学问的传授系统，分立不同学案。全书以时间为序，成立 19 个学案，分三个时期，加诸儒学案，共四个部分，叙述明代学者 200 余人。每一学派之前，写有小序和各学者的小传，对学者生平经历，著作思想及学术传授作简明扼要的介绍，然后是学者著作或语录的选辑，间或有作者的评论。

黄宗羲写完《明儒学案》之后，便着手写《宋元学案》，写成 17 卷以后便去世，后由浙东学派的史学家全祖望完成。该书 100 卷，共 91 个学案，宋详元略，体例上比《明儒学案》有许多进步，首先书中对各派各家均能平等相待，不持偏见；其次，该书在每一学案前为案主立一小传，阐明学者生平及学术宗旨，对案主的学术著作广为采选，并一一注明出处，在小传之后，载录学者的遗闻轶事，并收录了当时人和后人的评论。

清人写本朝学术史的有《汉学师承记》《宋学渊源记》及《国朝学案小识》。《汉学师承记》共 8 卷，江藩著。江藩所谓汉学是指反对宋明理学，恢复两汉经术的学术派别。全书为嘉庆以前的汉学家 40 人立传，附传 17 人，分别叙述其生平、师承、著作，并扼要摘录其见解。江藩又著《宋学渊源记》2 卷，共记宋学家 31 人，附记 8 人，记录甚为简略。唐鉴著《国朝学案小识》，计 15 卷，着重宣扬理学，与《汉学师承记》相对立。此外，近代徐世昌主持撰有《清儒学案》208 卷，梁启超、钱穆也都分别撰有《中国近三百年学术史》。

方志

方志是一种具有较高史料价值的地方文献。方志地方性强，它对一定地区的地理位置、地形气候、建置沿革、物产资源、风土人情、工农业生产、历史和社会等方面的情况加以详细记载，是研究某一地区不可缺少的资料。首次编修的方志，总是探本溯源、贯通古今，记载历代沿革变化。一部方志修成以后，一般情况是隔若干年又进行续修，续修的方志，则重点反映两次修志期间本地区发生的变化，这使我们能了解某一地区不同时期的各方面情况。

据《中国地方志联合目录》统计，保存至今的宋至民国期间的方志有 8500 多种，11 万多卷。其中宋元方志仅数十种，明代方志 1000 余种，清代方志 6000 余种，民国方志仅数百种。

关于方志的起源问题，目前学术界有许多不同看法，但大多数的观点认为，中国的方志应当起源于先秦。但这一时期方志仅是处于雏型阶段，比较接近地理书或国别史。秦汉以后，方志的发展逐渐脱离地理书的单一轨道，而是在记载地理沿革上，加进了社会、经济、政治、艺文和人物等内容，成为一个地区的综合性历史文献。

方志成为综合性地方历史文献，是以《华阳国志》的问世为标志的。该书 12 卷，东晋常璩撰，是记述晋代梁、益、宁三州地区的历史、地理和人物的综合文献。卷一至卷四为《巴志》《汉中志》《蜀志》《南中志》，重点记述该地区的自然地理与经济地理，兼及政治、民族、军事等内容。卷五至卷九为《公孙述、刘二牧志》《刘先主志》《刘后主志》《大同志》《李特、雄、期、寿、势志》，是以编年体形式记述东汉到西晋的巴蜀历史。卷十至卷十二为《先贤士女总赞》《后贤志》《序志》、附录《梁、益、宁三州先汉以来士女目录》，这一部分是记述人物。《华阳国志》将地理、历史、人物汇于一编，体例和内容等方面都具备了方志的性质，是我国最早的一部地方志专著。

《华阳国志》是一部私修的地区性方志，到了隋唐时期，开始有官修的总志出现，《括地志》就是唐代官修的一部著名的总志。现存唐代最有代表性的总志是李吉甫编撰的《元和郡县图志》, 40 卷。原书有图，南宋时亡佚，因此又称《元和郡县志》。该书依据唐初行政区分为关内、河南、河东、河北、山南、陇右、淮南、江南、剑南、岭南等十道，道下分列府、州，并以府或州为叙述单位，先列府、州之名，下记治所、等级、户额、领乡、垦田、沿革、区域、贡赋、属县等，再叙各县的沿革、山川、城邑和历代重大事迹。所记内容十分翔实，反映了唐元和年间的社会、政治、经济等情况，具有重大的史料价值。在编撰方法上，该书对后世总志的编撰也有很大影响，《四库全书总目》说："其体例亦为最善，后来虽递相损益，无能出其范围。"

宋代沿袭唐例，政府大规模地修撰方志。宋代方志在数量、内容和体例等方面都超过了前代。现存宋代方志的数量近 30 种，而宋代实际编修的方志，仅就现已知道的书名统计，总数就约有 600 种。宋代方志的内容比前代记述得更为广泛，主要是关于地理、政治、经济、人物、文化等方面。在体例方面，宋代方志有仿正史体例，列图、表、志、传、拾遗等方面；有平列各种门目，记述各方面的内容；有先列纲领，下系子目的形式等。有些方志还设有艺文志，载一个地区的藏书目录或著述目录；有些方志设有杂志，专载地方上的遗闻逸事等。

现存宋代最著名的方志有《太平寰宇记》和《元丰九域志》。《太平寰宇记》共 200 卷，宋乐史撰。该书记载宋太宗太平兴国年间平定闽、越和北汉后的中国地理情况，所列门类除因袭《元和郡县志》外，又增加风俗、姓氏、人物、艺文、土产等，内容更为扩大，体例益趋完善。《四库全书总目》说："后来方志，必列人物、艺文者，其体皆始于史。盖地理之书，记载至是书而始详，体例亦自是而大变。"这反映了《太平寰宇记》在方志体例趋于完善的过程中所应有的地位。《元丰九城志》共 10 卷，宋王存等撰，该书也是研究宋代地理、社会经济的重要参考资料。

元代的方志修撰，不如宋代昌盛，现存元代方志可分为三类：第一类是全国性的总地志，有《大元大一统志》；第二类是行省范围的方志，如《云南志略》等；第三类是路府州县的方志，如《至顺镇江志》等。《大元大一统志》，元朝官修，1300卷，是一部完备的总地志，其内容有关各路、州、县的史地，分建置沿革、坊部乡镇、里至、山川、土产、风俗形式、古迹、官迹、人物、仙释等部门。材料丰富，保存了宋、金、元旧志中的许多材料，有较大的学术价值。该书在明代就已散佚，其部分资料被《大明一统志》保存下来，也有“残本”“辑本”流传于世。

明代方志存世有近千种，内容十分广泛，这些方志中有官修的，也有私撰的；有总地志，也有地方志。官修总地志《大明一统志》，全书90卷，以南北两京、十三布政司分区，每府、州分建置、郡名、形胜、风俗及古迹、人物诸目。最后两卷为民族地区和四邻各国。这本书对我们研究明代疆域、地理、经济、民族关系与国际关系等，都可提供一些线索和资料。

清代方志达到全盛，据统计，全国现存清代方志6000余种，10万余卷。在这些志书中，有综合全国的总志，有地区性方志，还有关于山、水、寺庙、书院等专志，内容十分丰富，研究清代各历史专题，都要用到方志。《大清一统志》，初修于康熙二十五年，经雍正、乾隆、嘉庆三次增辑重修，成560卷。全书记述嘉庆以前清王朝疆域政区状况，首为京师，下分直隶等22部及青海、西藏等地区。各统部先冠地图，建置沿革表；次以总叙，概述一部大要；再以府、直隶厅、州分卷。下列疆域、风俗、人物等25目。事博文约，门类细致，考证精详，为一部较完善的清代全国性地方总志。

清代方志极盛，不仅政府注重修志，许多学者亦参与其事。如黄宗羲预修《浙江通志》，顾炎武预修《邹平县志》，章学诚撰《和州志》《亳州志》等。这一时期方志数量多，种类齐全，体例严谨，为后人留下了丰富的文化遗产。

延伸阅读

历史文献

——节录自《历史文献学》

我们要知道“历史文献”一词的具体含义，首先必要对“文献”一词作必要的解释。在中国古书上，“文献”二字连成一词，是从《论语》开始的。孔子在《论语·八佾》中说：“夏礼，吾能言之，杞不足征也；殷礼，吾能言之，宋不足征也。文献不足故也。”根据历代学者如郑玄、朱熹等人对这里的“文献”二字的诠释，可知其义是指文字资料和贤能的人。元代马端临在《文献通考·总序》中对“文献”一词作了更具体的解释，他认为，凡经史、会要、百家传记等书，信而有征者，谓之文；凡臣僚之奏疏、诸儒之评论、名流之燕谈、稗官之记录等，一话一言，可以订典故之得失，证史传之是非者，谓之献。这里，“文献”指的是文字资料和言论资料。这一意义一直到今天仍然是适用的。历史文献作为文献的一部分，是关于历史方面的文字资料和言论资料。

历史文献又是史料的一部分。史料包含的内容有三个方面：

（1）文字史料。与历史有关的一切文字资料都可以作为史料。如甲骨文、金石文、《尚书》、二十五史、敦煌遗书、历史档案等；（2）实物史料。如古迹遗址、古建筑、古器物等，实物史料在历史研究中有着十分重要的作用；（3）口传史料。指的是民间流传的历史传说、史诗等。有些少数民族尚无文字，他们的历史大多是靠一代一代口耳相传而保存下来的，这些都是口传史料。历史文献就是史料中文字史料的那一部分。

由于历史研究的不断深入与展开，人们对史料的观念也不断变化，史料的范围越来越扩大。除实物的和口传的史料外，单就文字的史料而论，不但历史文献可以作为史料，其他文献往往也可以作为史料。如对民歌的搜集，故事的采访，也都可获得许多带历史成分的材料。我国近代不少历史学家，以《诗经》治史，以唐诗治史，开拓了历史研究的新天地。因此，要严格区分历史文献和非历史文献，就较困难了。这里，我们还是以专门的历史文献作为历史文献学的主要研究对象。但也并不排斥历史文献学对那些间接历史文献的研究。

历史文献的内容十分丰富，它总是记录着一定的历史现象或一定的历史史实，这一点也是历史文献的本质特点。此外，历史文献还包含着众多的知识成份，文学、艺术、宗教、科技等知识都能在历史文献中得到反映。历史文献内容的丰富性决定了历史文献在历史研究中有着十分重要地位和作用。

一种新的历史文献的发现，往往会为历史研究提出新的问题，开辟新的途径。甲骨文、金文，这是商周史的重要新文献，秦汉简牍、敦煌遗书及一些古碑的发现和运用，都为历史研究开拓了新的路子。例如1972年，山东临沂银雀山1号汉墓出土的竹简，其中有失传了1700年的《孙膑兵法》，同时还出土了《孙子兵法》。《孙膑兵法》东汉以后失传，以致自宋以来，人们对这两种兵法就产生了种科疑问，有人认为《孙子兵法》和《孙膑兵法》原是一书，有人甚至怀疑孙武本无其人等等。现在这两种兵法同时出土，解决了千年以来的悬案。有些历史文献虽然不是新发现，但一旦被史家所利用，就可能出现新的成果。如诗词中的历史材料，一向很少被人利用，陈寅恪利用了元稹、白居易的诗，写成《元白诗笺证稿》，对唐代一些史事作了新的解释。又用明清之际的诗词，作《柳如是别传》。陈垣利用佛藏等材料，在历史研究中也作出了不少新的成就。有些历史文献由于时代久远，多有散佚，其部分被其他书籍保存下来，只有经过辑佚和重编才可为历史研究所利用。如薛居正的《旧五代史》，初时散佚，但大多被保存在《永乐大典》中。清开四库馆后，邵晋涵从大典等书中辑出《旧五代史》，使之成为五代史研究的重要资料。有些历史文献原始性较多，但数量庞杂，又有不少片面性，不便利用，需经过编修、整理，才可获得新的生命。如明清档案，数量多，价值大，明清两代的政治、经济、军事、文化、外交、刑名、典章、天文气象、山川河流、地震灾异以及宫廷生活等，无不囊括其中，实为研究明清历史的巨大资料宝库。但这些档案大多缺乏整理，未能发挥足够的作用。

历史文献取材的差异，也决定了历史文献的使用价值。原始记录历史史事的文献是一次历史文献，根据一次历史文献所编撰的历史著作是二次历史文献。一次历史文献和二次历史文献，就是章学诚在《文史通义》中所指的“记注”和“撰述”。从史料价值的角度来看，记注是极其重要的、极有价值的部分，现在保存的一些官方及私人的原始记载，如一些历史档案等，都属于这类。这一部分是历史研究的第一手资料，虽然中间有些不真实或人为的伪造，但从总体上看它毕竟是比较真实地反映了当时的社会状况的。撰述部分，是经过作者加工过的材料，尽管有些内容未免失真，但它对历史研究仍具有很大的参考价值，如《二十四史》，都属于这一类。古代许多撰述性著作，都带有很浓厚的记注成分，尤其在没有原始资料的时候，那些比较真实的撰述就更显重要了。

我国历史文献，从甲骨文算起，已有3000多年的发展历史。东汉纸的发明，使历史文献的材料、形式有了根本的改变，隋唐到宋，雕版印刷术和活字印刷术的出现，不仅使历史文献的书写形式发生了变化，并且使其数量也增多了。神州古国众多的民族、丰富的物产、美丽的山河，以及各族人民的多才多智都在历史文献中得到比较详细而完备的反映。从体裁上看，我国有多种形式和多种类型的历史文献，适应不同的纪事需要。历史悠久、数量巨大、内容丰富、种类繁多是我国历史文献的特点。

从历史文献的发展可以看到，一方面，历史文献的产生和发展受到前一时期历史文献的影响，而其本身又影响着后一时期的历史文献的发展。司马迁的《史记》所创造的纪传体，开启了后代对纪传体正史的修撰，而《史记》体裁的创造，又得自于前代各种史书体裁的影响。《史记》有本纪和世家，是编年体形式，这取法于《春秋》《左传》《战国策》诸书；《史记》有十表，取法于《五帝系牒》《春秋历谱牒》诸书；《史记》有八书，可能是受到《周官》等书的影响。在材料上，《史记》中的很多素材都来自于先秦典籍。这说明一本史书的产生与前代的史籍有不可分割的联系。另一方面，历史文献的发展，不可能不受到所在时代的政治、文化、科学诸因素的影响，因此，历史文献的发展总是呈现出一定的阶段性，并且不同阶段的历史文献有其不同的时代特点。

中国历史文献从产生到近代，大致可分为七个阶段。先秦是历史文献的童年时代。这一时期，有早期的甲骨文和金文，有早期的编年体《春秋》《左传》等，此外如国别史、谱牒家传体史籍等也都孕育于此时。秦汉时期，历史文献日益增多，《史记》和《汉书》的出现标志着纪传体这一史体的产生和成熟。纪传体史书的兴起在中国历史文献的发展史上有着十分深远的影响。魏晋南北朝时期，各种各样的历史文献都有很大的发展。在《史记》《汉书》的影响下，纪传体史书得到了迅猛的增长。其他史书，如编年体史书、杂史、霸史、起居注、典志史、职官史、仪注、刑法书、杂传、地理、谱牒等，也都有不同程度的发展，历史文献呈现出十分繁富的局面。隋唐时期，史馆制度的确立，使官修史书成了历史文献中的主要部分。宋元期间，编年体逐步完善，《资治通鉴》的问世，标志着编年体史书的复兴。与其相关的纪事本末体史书也开始形成和发展。明清两朝，档案材料是历史文献中十分重要的组成部分。此外，方志、官修史书、野史、笔记、学案体史书等也十分丰富。近代一百余年间，新型历史文献，如章节体史书、与现实紧密联系的边疆史、中外交通史、国际关系史、世界史、文化史和各种专门史等史书大量出现。此外，这一时期还有为数众多的档案、报刊资料、文献汇编、个人文集、回忆录、自传年谱等。

我国历史文献数量繁多，没有人作过统计，事实上也很难准确统计。关于史部书籍，《四库全书总目》著录及存目共计2053部，39009卷。《四库全书总目》编成以后直至今日，历史文献不断增多，数量之大是难以数计的。史籍以外，我国还有十分丰富的甲骨文资料、铭文资料、石刻资料及数量惊人的历史档案。

我国历史文献不仅数量巨大，而且体裁多样。我国史籍的体裁主要有编年体、纪传体和纪事本末体。编年体史书出现于先秦，它是以时间为中心，按年月编排史事。纪传体史书产生于西汉，它是以人物为中心，结合记言、记事。到了南宋，又出现了纪事本末体史书，它是以记事为中心，以事立篇，每篇一事，自为起讫。近代以后，章节体成了史书编撰的主要形式。此外，还有专详典章制度的典制体史书，专详人物生平的传记体史书，专详学术的学案体史书等。

我国是一个统一的、多民族的国家，历史文献除大量的汉文历史文献外，还有为数众多的少数民族历史文献。据目前所知，仅古代流行的少数民族文字就有20余种，用这些文字记录的历史文献，内容十分丰富，是研究少数民族历史不可缺少的宝贵资料，同时也是中国历史文献宝库中的重要组成部分。

——摘录自《中国历史文献学》，武汉大学出版社，1988年版，第1–5页。

有容乃大：子部典籍

儒家典籍

诸子的著作根据其学术流派，可分为儒、道、阴阳、墨名、法、纵横、杂、农、小说、兵、医十二家。

儒家的学术与著作，《汉书·艺文志》称："盖出于司徒之官，助人君顺阴阳明教化者也。游文于六经之中，留意于仁义之际，祖述尧、舜，宪章文、武，宗师仲尼，以重其言，于道为最高。"先秦儒家著作主要有《论语》《孟子》《孝经》《荀子》等。前三书均列于《十三经》，其地位之高自不待言，《荀子》一书亦很受后世学者的重视。

荀子与孔、孟同为儒家的三大宗师，约生于公元前313年，卒于公元前238年，赵国人。所著《荀子》一书，共32篇。篇次为:《劝学》《修身》《不苟》《荣辱》《非相》《非十二子》《仲尼》《儒效》《王制》《富国》《王霸》《君道》《臣道》《致仕》《议兵》《强国》《天论》《正论》《礼论》《乐论》《解蔽》《正名》《性恶》《君子》《成相》《赋篇》《大略》《宥坐》《子道》《法行》《哀公》《尧问》。

在人性论和道德观上，孔子主张人性相近，习相远，仁为道德的核心，并配之以义、礼，行之以忠、恕；孟子主张人性善，仁、义、礼、智为人所固有；荀子主张人性恶，故应积善成德，重礼、智。在政治观上，孔子主张德政与礼制；孟子则贵王贱霸，主张以民为本，行仁政王道；荀子主张礼法兼治，王霸并用，富国强兵。在义利观上，孔子罕言利；孟子重义轻利；荀子主张道德功利合一。在天道观上，孔子以天为命运的主宰，但天不可究诘，故重人事；孟子也主张天为主宰；荀子则以天为自然之天，故人可制天命而用之。

《荀子》一书在汉代与《孟子》同列诸子，并颇受学者所重。大概是主张性恶说，故受后儒诟厉，未能列入经书中。然而《荀子》对儒学的贡献和在中国学术、思想界的地位是不可忽视的。冯友兰曾作一个比拟，他说："孔子在中国历史中之地位，如苏格拉底之在西洋历史，孟子在中国历史中之地位，如伯拉图之在西洋历史，其气象之高明亢爽亦似之；荀子在中国历史之地位如亚力士多德之在西洋历史，其气象之笃实沈博亦似之。"

道家典籍

道家的学术与著作，《汉书·艺文志》称："盖出于史官，历记成败存亡祸福古今之道，然后知秉要执本，清虚以自守，卑弱以自持，此君人南面之术也。"这一学派的宗师为老子，曾为西周的柱下史，故曰道家出于史官。现存《老子》一书，为道家最早的著作。道家另一代表作是《庄子》，与《老子》齐名。几千年来，老庄的学说与思想一直延续不断，对中国人的思想有着很深的影响。

《汉书·艺文志》道家类又著录《列子》8篇，注曰："名圄寇，先庄子，庄子称之。"此书曾经刘向、刘歆父子整理过。刘向《列子书录》称列子为郑国人，与郑缪公同时，其书去其重复，定夺为八篇：天瑞、黄帝、周穆王、仲尼、汤问、力命、杨朱、说符。《列子》在汉初颇流行，内容多寓言，与《庄子》相类。至于这本书是否为列子所作，历来就有人持怀疑态度。柳宗元认为书中有些篇章为后人增补。高似孙《子略》认为列子并无其人。现在不少学者都认为《列子》是魏晋时人编辑。张岱年说："其内容保存了一些寓言故事，也保存一些先秦的思想材料。虽系伪书，仍值得研究。"

《老子》为道家学派的主要著作，相传为春秋末期老子所作。关于老子其人其书，学术界意见颇有分歧。据《史记·老子韩非列传》载：老子，楚国苦县（今河南鹿邑东）厉乡曲仁里人，姓李名耳，字聃，为周朝守藏室之史（管理藏书的官），孔子曾向他问过礼。老子视周室衰败，乃引退，于途中"著书上、下篇，言道、德之意五千余言。"《老子》一书又称《道德经》，今本共81章，分上下两篇，上篇为道篇，下篇为德篇。但在汉初以前，《老子》的结构并非如此。韩非作《解老》，就是德篇在前，道篇在后。1973年，长沙马王堆西汉墓出土的帛书《老子》两个本子，也是德篇在前，道篇在后。据现代学者考证，《老子》可能是道家后学根据老聃的思想言论记述、整理、加工而成，约在战国初年成书。《老子》一书的主要思想表现在本体论上，就是认为"道"是世界万物的总根源，整个宇宙都是从"道"这个最高实体中演化出来的。在认识论上提出"有无相生"的辩证思想，认识到对立面之间的相互依存和转化。另外，《老子》还主张"绝圣弃智"与"绝学无忧"，取消知识与工技，回复到原始的状态，倒退到"小国寡民"，老死不相往来的社会环境中去，并提倡愚民政策，强调无为而治，反对战争。

《老子》一书在中国文化思想界有深远的影响。《老子》作为道家学说的开创之作，为道学家说奠定了基本的理论框架。道家思想与儒、释二家，成为中国人思想的主干。西汉初年，政治推行“无为而治”“与民休息”的政策，即是以《老子》的思想为其理论基础的，并带来了文景之盛。东汉，道教产生后，《老子》作为经典，为道教徒所诵习。唐宋时期，道教与老子均有极其崇高的地位。

道家学派至《庄子》书成而大备。《庄子》的作者为庄子及其后学所著。据《史记·老子韩非列传》载：庄子名周，宋国蒙（今河南商丘东北）人，家贫但不愿做官。楚威王曾以厚礼聘为相，遭拒绝。庄子对楚使说，“千金，重利；卿相，尊位也。……我宁游戏污渎之中自快，无为有国者所羁，终身不仕，以快吾志焉。”开启了超凡脱俗之风。《史记》又称：“其学无所不窥，然其要本归于老子之言。故其著书十余万言，大抵率寓言也。”《庄子》一书，《汉书·艺文志》著录为52篇，至西晋已有散佚，郭象为之注，编为33篇，计分内篇7，外篇15，杂篇11。一般认为外篇和杂篇可能掺杂其门人和后世的作品。《庄子》继承并发展了老子“道法自然”的观点，认为“道”是客观真实的存在。又认为一切事物都在发展变化之中，一切事物都是相对的，可以转化的，其变化的原因是由于矛盾双方相互作用引起的。《庄子》主张“虚静恬淡，寂漠无为”，要求安时处顺，逍遥自在，顺应世俗，随遇而安。此外，《庄子》为文汪洋恣肆，想象丰富，在文学上也有极高的成就。

庄子后学继承和发挥庄子的思想，形成了庄子学派。魏晋玄学盛行，始称老庄，玄学家们以祖述老庄立论，将《老子》《庄子》与《周易》合称“三玄”。唐代，《庄子》成为道教主要经典之一，官府诏封庄子为南华真人，《庄子》尊称为《南华真经》。老子被道教奉为教主后，庄子也被神化了。

兵家典籍

兵家的著作在《汉书・艺文志》中为独立的一略，即兵书略。现存先秦兵书主要有《孙子兵法》《孙膑兵法》《吴起》《六韬》《尉缭子》《司马兵法》等。《孙子兵法》为春秋末孙武所撰，《汉书・艺文志》著录为 82 篇，图 9 卷。但《史记・孙子吴起列传》称此书 13 篇，与今本同。13 篇为计篇、作战篇、谋攻篇、形篇、势篇、虚实篇、军争篇、九变篇、行军篇、地行篇、九地篇、火攻篇、用间篇，共 7200 余字。书中提出的一些作战方针，如“知彼知己，百战不殆”“攻其无备，出其不意”“以逸待劳，以饱待饥”等，对后世极有影响。以计谋取胜为孙子军事思想的核心，并为后世很多政治家、军事家所采用。《孙子兵法》流传很广，已有多种文字的译书，人们推崇它为“百代谈兵之祖”“世界第一兵家名书”“兵学圣典”。孙武后裔、战国孙膑曾撰《孙膑兵法》，《汉书・艺文志》著录为 89 篇，图 4 卷，后亡佚。1972 年山东临沂银雀山发掘大量汉简，内容包括《孙子兵法》《孙膑兵法》《六韬》《尉缭子》等一批兵书及众多先秦诸子。出土的《孙膑兵法》有 11000 字以上，可以肯定是《孙膑兵法》原文的有 15 篇，即擒庞涓、见威王、威王问、陈忌问垒、篡卒、月战、八阵、地葆、势备、兵情、行篡、杀士、延气、官一、强兵。另 15 篇现尚难肯定是孙书原文。从发现的《孙膑兵法》来看，其书多论阵势、论将略，是祖述《孙子兵法》的思想并有所发展。《六韬》一书旧题西周吕望撰，6卷，考其内容为战国或其后人所作。全书以问答形式进行论述，涉及军队编制、管理、训练、行军、布阵、攻守、战具、兵器等。《司马兵法》一书，春秋司马穰苴撰，3卷。《汉书·艺文志》六艺略礼类著录为155篇，后散失，今残存3卷。《四库全书总目》著录于子部兵家类，并认为此书非司马穰苴所撰，实为齐国诸臣所追辑。《吴子》，作者吴起为战国卫人，《汉书·艺文志》兵书略有《吴起》48篇，今残存6篇。《尉缭子》，战国尉缭撰，《汉书·艺文志》兵书略著录31篇，今存24篇。

除上述六种兵书外，后世兵书代有人作，其中比较重要的有：

《三略》3卷，战国黄石公撰；

《将苑》，汉诸葛亮撰；

《李卫公问对》3卷，唐李靖撰（宋代将《孙子兵法》《吴子》《司马兵法》《六韬》《尉缭子》《三略》《李卫公问对》七书刻印行世，并由朝廷颁定，命名为《武经七书》，成为当时选拔、培养军事人才的教科书）。

《太白阴经》，唐李筌撰，10卷；

《武经总要》，宋曾公亮等编纂，40卷；

《虎钤经》，卷宋许洞撰，20卷；

《何博士备论》，宋何去非撰，1卷；

《守城录》，宋陈规撰，4卷；

《历代兵制》，宋陈傅良撰，8卷；

《百战奇法》，元无名氏撰，10卷；

《续武经总要》，明赵本学、俞大猷撰，8卷；

《武备志》，明茅元仪辑，240卷；

《阵纪》，明何良臣撰，4卷：

《筹海图编》，明郑若曾辑；

《纪效新书》，明戚继光撰，18 卷；

《练兵实纪》，明戚继光撰，9 卷；

《海国图志》，清魏源编，100 卷；

《读史方舆纪要》，清顾祖禹撰，130 卷。

中医典籍

医学典籍，《汉书 · 艺文志》列在方技略内。《汉书 · 艺文志》著录《黄帝内经》18 卷。现存《内经》162 篇，包括《素问》《灵枢》两部分。《素问》是黄帝向臣子询问人体生理、病理知识的医书，内容详于基础理论；《灵枢》是生命关键、要领的意思，内容重于针灸经络。全书大多以黄帝与蚊伯等七臣子讨论人体生理、病理、治疗等问题，用相互问答的形式编纂而成的。《内经》成书时代是战国后期，成书地点在秦国。但也有人认为，此书绝大部分是战国至秦汉时期的人不断创造的，非出之一时或一人之手。《内经》是我国现存医学文献中最早的一部著作，全书系统阐述了中医学的理论体系，规定和影响了后世医学的发展方向、理论和方法论特色，从而在中医学的发展过程中起着极其重要的作用，被誉为“医家之宗”。同时，《内经》还是一部古代百科全书，它上达天文，下穷地理，中悉人事，内容繁富。书中有相当多的篇幅深刻地阐发了当时哲学领域的一些重大问题，因此可以认为，《内经》也是古代的一部重要的哲学著作。

20 世纪以来，考古发现了一些先秦医学典籍。1973 年长沙马王堆 3 号汉墓出土了一批古代帛书，其中有 10 种先秦医籍，它们是：《足臂十一脉灸经》《阴阳十一脉灸经》（分甲、乙本），这两本书与《内经》所述经络关系非常密切，可以说明《内经》成书前，有关经络知识的前期状况。《脉法》《阴阳脉死候》《却谷食气》《产书》《导引图》《五十二病方》《养生方》《杂疗方》等。《五十二病方》叙述了 52 种疾病，并附病方 280 余种，使用的药物有 240 余种，涉及疾病包括内、外、妇、儿、五官各科。这本书比《内经》更为古老，它的发现使我们可以看到《内经》产生以前，我国医学的大致面貌。

先秦之后，我国医学有很大发展，不少重要的医学著作先后问世。大约成书于汉代的《难经》，在论述脉诊的某些方法上有实际意义。大约成书于秦汉之际的《神农本草经》，是我国第一部本草学专书。汉末张仲景的《伤寒卒病论》对伤寒病和各种杂病，都作了相当系统的论述。晋朝王叔和将该书重新整理为《伤寒论》和《金匮玉函经》两书，前者论述伤寒，后者论述杂病。隋唐时期，有病因学专著《备急千金要方》、孙思邈的《备急千金要方》、南宋宋慈的《洗冤集录》、明李时珍的《本草纲目》等。

农家、阴阳家和科技典籍

农家的学术与著作，《汉书，艺文志》称：“出于农稷之官。播百谷，劝耕桑，以足衣食，故八政一日食，二曰货。孔子曰所重民食，此其所长也。及鄙者为之，以为无所事圣王，欲使君臣并耕，悖上下之序。”中国是一个古老的农业国家，以农为本的方针成为历代王朝的基本国策，但农业方面的著作并不十分丰富，先秦农书一本无存，《汉书·艺文志》农家著录农书9家114篇，亦全散佚。据王毓瑚《中国农学书录》著录，中国于20世纪前的农书有594种，其中还包括已佚的和非农书中有关农业的文献在内。《汉书·艺文志》著录先秦农书《神农》20篇，注曰："六国时，诸子疾时怠于农业，道耕农事，托之神农。”此书唐以前即已失传，后世有辑本，内容大多是五行、占卜之类，有一些关于农政及重农的议论。

阴阳与数术类的典籍，存世者甚少。《汉书·艺文志》称："阴阳家者流，盖出于羲和之官，敬顺昊天，历象日月星辰，敬授民时，此其所长也。及拘者为之，则牵于禁忌，泥于小数，舍人事而任鬼神。”《汉书·艺文志》著录先秦阴阳家典籍皆佚，其详不可考。《汉书·艺文志》有数术略，所录先秦典籍除《山海经》外无一存世。《山海经》是一部具有独特风格的典籍，自古号称奇书。其作者向来不确定，隋唐时史志目录皆列入地理类，《四库全书总目》入子部小说家。从书的内容上看，是一部地理方面的著作，并包含着丰富的神话、民族、动植物、矿产、医药、宗教等内容。刘歆校《山海经》时定为18篇，今本相同。原书古有图，在流传中佚失，现本的图是后人补画的。

中国古代的科技典籍，在传统的目录中，大多都列入子部。除上述中医典籍外，在农学、数学、天文历法、制造等方面，都有众多的著作问世。在农学方面如北魏贾思勰的《齐民要术》、元朝司农司编的《农桑辑要》、明徐光启的《农政全书》等，还有茶叶专著唐陆羽的《茶经》；数学方面如汉初年成书的《九章算术》、元朱世杰的《四元玉鉴》等；天文方面如唐瞿昙悉达的《开元占经》、北宋苏颂的《新仪象法要》等；建筑制造技术方面如宋李诫的《营造法式》，工艺技术方面有明宋应星的《天工开物》等。

其他诸子典籍

法家的学术与著作，《汉书·艺文志》称："出于理官，信赏必罚，以辅礼制。"先秦的法家典籍现存者主要有《商君书》和《韩非子》二书。《商君书》是商鞅思想言论的资料汇编，其中杂以商鞅后学的某些篇章。该书原有29篇，现存24篇。《韩非子》55篇，其中部分篇章非韩非所作，如《初见秦》《有爱》《饰邪》等篇。《韩非子》为法家思想的集大成之作，提出了势（权势）、法（法律）、术（谋略）三位一体的君主专制理论，"为中国君主专制制度奠定了基本模式，也为千古帝王提供了行为准则"。

名家的学说与著述，《汉书·艺文志》称"出于礼官"，强调名称和实际情况必须相当，重视名实关系的考察，为先秦逻辑思想的代表。秦以后即衰息，著作除《公孙龙子》外，余皆亡佚。《公孙龙子》《汉书·艺文志》著录为14篇，后散佚，仅存6篇，其首篇《迹府》疑非原书。

墨家的学说与著述，《汉书·艺文志》称："出于清庙之守。茅屋采椽，是以贵俭；养三老五更，是以兼爱；选士大射，是以上贤；宗祀严父，是以右鬼；以孝视天下，是以上同，此其所长也。及蔽者为之，见俭之利，因以非礼，推兼爱之意，而不知别亲疏。"在先秦，墨家的影响很大，与儒家同称为"显学"，其主张主要有"兼爱""非攻""尚贤""尚同""天志""明鬼""节葬""节用""非乐""非命"等，在某种程度上反映了下层人民的愿望和要求，成为儒家的主要反对派。墨家著作现仅存《墨子》一书，《汉书·艺文志》著录71篇，今存53篇，旧题战国墨翟撰，其实大部分是墨翟弟子或再传弟子记述的墨翟的言行。

纵横家的学术与著作，《汉书·艺文志》称“出于行人之官”，即古代的政治外交之官。其著作今所传者唯《战国策》一书，《汉书·艺文志》列入“春秋家”，后世书目多入史部。此书原无定名，后经刘向整理，除去复重，为33篇，定名为《战国策》，内容为纵横家的行事与辩说，杂记战国史事。战国纵横家的主要代表是苏秦、张仪，他们均从师于鬼谷先生。后世所传《鬼谷子》一书据说就是鬼谷所著。此书讲“捭阖”之术，教人如何要阴谋诡计。张岱年先生认为，《鬼谷子》不是先秦时期的书，可能是六朝以后的人所伪作。

杂家的学说与著述，《汉书·艺文志》称：“出于议官。兼儒、墨，合名、法，知国体之有此，见王治之无不贯，此其所长也。及荡者为之，则漫羡而无所归心。”杂家著作的代表为《吕氏春秋》，此书为秦相吕不韦集门客所作，据《史记·吕不韦传》记载：“吕不韦乃使其客，人人著所闻，集论以为八览，六论、十二纪，二十余万言，以为备天地万物古今之事，号曰《吕氏春秋》，布咸阳市门，悬千金其上，延诸侯游士宾客有能增损一字者予千金。”《吕氏春秋》博采各家学说，保存了先秦诸家的许多资料，还有不少古史旧闻、古人遗语、古籍佚文等。自汉以来，此书一直被称为杂家，但通贯全书仍可见其一定的主导思想。东汉高诱在《吕氏春秋序》中指出：“此书所尚，以道德为标的，以无为为纲纪，以忠义为品式，以公方为检格。”杂家的另一著作是《管子》，《汉书·艺文志》入道家，著录86篇，注曰：“名夷吾，相齐桓公，九合诸侯，不以兵车也。有列传。”但这本书不是春秋时期的管子所作，实系后人采拾管子言论行事而成。胡适在《中国哲学史大纲》中认为，

《管子》是后人将战国末年法家议论与儒家议论、道家议论，并为一书的。梁启超在《汉书艺文志诸子略考释》中认为，此书一小部分为春秋末年传说，其大部分则为战国至汉初递为增益，一种无系统的类书而已。郭沫若在《青铜时代》中认为，此书大约是战国及其后的一批零碎著作的总集，一部分是齐国的旧档案，一部分是汉朝时开献书之令时由齐地汇献而来的。罗根泽在《管子探源》中认为：《管子》书中有战国政治思想家、战国末阴阳家、战国法家、秦汉兵家、战国儒家、战国中期以后道家的著作及汉代理财学家著作。张岱年先生认为：《管子》一书中，"经言"内的《牧民》《形势》《权修》《乘马》等篇保存了管子的遗说，反映了管子的思想；《大匡》《中匡》《小匡》是关于管子遗事的论述。并认为法家思想为《管子》的主导思想。

小说家的著作，《汉书·艺文志》称："出于稗官。街谈巷语，道听涂说者之所造也。孔子曰：虽小道，必有可观者焉，致远恐泥，是以君子弗为也。然亦弗灭也。闾里小知者之所及，亦使缀而不忘。如或一言可采，此亦刍尧狂夫之议也。"《汉书·艺文志》列诸子十家，并认为可观者九家而已，即所谓"十家九流"。小说家为十家之内，九流之外。先秦小说家之书无一存世，惟西晋汲县出土的《穆天子传》尚存，可视作先秦小说家的著作，《四库全书总目》子部小说家类著录为6卷。据今人考证，此书的写作年代不晚于战国，其内容前五卷记周穆王西征，后一卷记盛姬之死。《穆天子传》出土以后，对后世小说有很大的影响。

《晏子春秋》一书是先秦典籍中比较独特的一种，《汉书·艺文志》列入儒家，《四库全书总目》入史部传记类。关于此书的思想学派，后人有不少的讨论，莫衷一是。吴则虞在其所撰的《晏子春秋集释·序》中认为："晏婴一人的思想并没有形成一种独立的学派，他的思想也不属于某一学派，因此也不能替他扣上一顶不合适的帽子。至于《晏子春秋》这书，本来是一种富有政治思想性的文学作品，应属于记叙文学类。”此书旧题齐晏婴所撰，实则是战国末年的人所编撰。全书 8 卷 215 章，主要记载晏子的遗事及言论。

《诸子集成》

1935 年，世界书局编辑出版了一套诸子丛书，即《诸子集成》。这套丛书收先秦至南北朝诸子著作 26 家、28 种，并多采用清代人的精校或集注本，对初学了解和阅读诸子典籍提供了方便，现将这套丛书的子目开列如下：

《论语正义》24 卷；

《孟子正义》14 卷；

《荀子集解》20 卷；

《老子道德经》2 卷；

《老子本义》2 卷；

《庄子集解》8 卷；

《庄子集释》10 卷；

《列子》8 卷；

《墨子闲诂》18 卷；

《晏子春秋校注》8 卷；

《管子校正》24 卷；

《商君书》5 卷；

《慎子》2 卷；

《韩非子集解》20 卷；

《孙子十家注》14 卷；

《吴子》6 卷；

《尹文子》1 卷；

《吕氏春秋》26 卷；

《新语》12 卷；

《淮南子》12 卷；

《盐铁论》10 卷；

《扬子法言》13 卷；

《论衡》30 卷；

《潜夫论》10 卷；

《申鉴》5 卷；

《抱朴子》70 卷；

《世说新语》6 卷；

《颜氏家训》8 卷。

1982 年，中华书局编印《新编诸子集成》，收入先秦到唐五代的子书，每一种都选择到目前为止较好的注本，并加以新式标点，颇便读者。

佛教与道教典籍

宗教，作为一种社会意识形态，它的形成、流传，与之相应地就会产生一定的宗教机构、教规和宗教著述。在汉代，印度佛教传入中国，并得到逐步的传播。佛教的传播是与其经典的译介同步进行的。佛典只有译成汉文才能被汉人阅读和接受。据记载，汉末，我国就已译出《佛说大安般守意经》等大量佛典，经过魏晋南北朝时期的发展，到了隋唐，佛典的翻译达到了鼎盛，隋文帝时期编定的《众经目录》，编入佛典 2257 部，5310 卷。佛典传入中国不仅有汉译，而且还有藏文译经和傣文译经等。佛教的传播还促进了佛教徒的撰述活动。据当代著名佛教研究专家吕澂的统计，中国僧人的汉文佛典撰述有 582 部，4172 卷。长期以来，把各类佛教经典和撰述汇刻成丛书，称为“大藏经”，中国除汉文大藏经外，还有藏文大藏经，从汉文或藏文译出的蒙文大藏经和满文大藏经。

汉文大藏经从宋以来，刻印、排印本近 20 种。1984 年中华书局开始出版的《中华大藏经（汉文部分）》，是一种迄今为止搜集最为宏富的汉文大藏经，它拟将中外各版汉文藏经中所收录的佛教典籍，按内容体系全部收入，总数可达 4200 余种（比《四库全书》还要多出近 700 种），23000 余卷（约《四库全书》的三分之一）。藏文大藏经分正藏和副藏两部分，正藏包括经、律等，称“甘珠尔”，有 1055 部；副藏即论著部分，称“丹珠尔”，有 3522 部。据有些学者称，藏文大藏经的内容约四分之三是汉文大藏经中所没有的。

此外，我国还有十分丰富的道教著作。修成于明代的《正统道藏》和《万历续道藏》共收道教经典 5485 卷，这还不包括明万历以后的道教著述。

延伸阅读

读书止观录

中国读书史的资料十分丰富，仅就20世纪以前的单篇著述而言，约略可分为四类：

第一类是关于阅读思想、教育、劝学方面的，如：

《荀子》中的《劝学》；

《吕氏春秋》中的《劝学》《尊师》《诬徒》《用众》；

《礼记》中的《学记》；

《颜氏家训》中的《勉学》；

柳宗元的《师说》；

张之洞的《輶轩语》《劝学篇》等。

第二类是关于读书方法的，如：

宋辅广辑的《朱子读书法》；

元程端礼的《读书分年日程》；

明代人刊印的《宋先贤读书法》；

清魏际瑞的《读书法》；

清唐彪的《读书作文谱》；

清谢鼎卿的《读书说约》；

清龙启瑞的《家塾课程》；

清杜贵墀的《读书法汇》等。

第三类是导读书目或举要书目，如：

《唐末士子读书目》；

明末陆世仪“书目”；

清龙启瑞的《经籍举要》；

清张之洞的《书目答问》；

康有为的《桂学答问》等。

第四类是关于读书掌故方面的，如：

明陈继儒的《读书十六观》；

明吴应箕的《读书止观录》；

明吴恺的《读书十六观补》；

清陈梦雷的《古今图书集成》中的《读书部》；

清周永年的《先正读书诀》等。

1996 年，我将上述读书掌故方面的资料汇编，并与钱行、黄正雨、雷绍锋几位先生合作译注成《读书四观》一书，由湖北辞书出版社 1997 年出版。现将这些资料略作介绍，以期对我国古代读书史有一个概括了解。

《读书训》

《读书训》由明代学者祁承㸁编撰，并收录在其《澹生堂藏书约》之中。祁承㸁（1562–1628 年），字尔光，浙江绍兴人。出身书香门第，自幼喜爱读书。

据他在《澹生堂藏书约》前言中称：小时候经常翻阅先辈藏书，有时钻进书房，就废寝忘食。结婚后，将妻子的首饰都典卖掉，用来购书。30 余岁的时候，家中不慎失火，所有藏书毁于一炬。但这并未动摇他藏书的信念，正如承㸁所说：

复约同志,互相裒集,广为搜罗。夏日谢客杜门,因率儿辈手自插架,编以综纬二目,总计四部。其为类者若干、其为帙者若干、其为卷者若干,以视旧蓄,似再倍而三矣。夫余之嗜书,乃在于不解文义之时,至今求之,不得其故，岂真性生者乎?

又经过20余年的搜集，他的藏书达到了9000余种，10万多卷。承㸁如此热心藏书，一方面是他生性嗜书，更重要的一方面是他希望“不可令读书种子断绝”。因此，他在晚年，选取古人勤学苦读又足为后人规训的事迹，编成《读书训》一册，希望儿辈们朝夕观看。

《读书训》凡23则，其中如王充倚楱看书、顾欢燃松夜读、陈莹中粘壁读书、范仲淹帐顶烟迹等，均为广为传颂的勤读掌故。编者不拘次序、令阅者随手抽取，开卷皆可获益。

《读书止观录》

《读书止观录》由明末学者吴应箕编撰。吴应箕（1594–1645年），字次尾，号楼山，安徽贵池人。曾参加复社。清兵南下，吴应箕参加抗清被捕，不屈而死。

《读书止观录》分为5卷，前3卷是在陈继儒《读书十六观》和屠本畯《演读书十六观》的基础上新增而成的。

撰者将不见于前两书的先贤读书心得、掌故、嘉言懿行收集汇录，分编为3卷。并将《读书十六观》和《演读书十六观》分别编为该书的第4、5卷，以“读书止观录”总其名。“止观”二字，原为佛教用语。止：止息、寂静；观：明察万物。佛教天台宗以止观作为修行的方法。撰者标书名为“止观”，一来借指读书所达到的佳境，二来与陈继儒《读书十六观》相照应；另外也有“观止”的意思，正如撰者在《读书止观录·引言》中所说：“观必如是而观止矣，夫观而止于是。”

《读书十六观》为明末学者陈继儒编撰。陈继儒（1558–1639 年），字仲醇，号眉公，松江华亭人。博闻强识，工诗善文，杜门著述，是当时有名的隐士。他喜爱读书，曾说：“吾读未见书，如得良友；见已读书，如逢故人。”又说：“乃于竹窗之下，抽忆旧闻，纂《读书十六观》，盖浮屠之修净土有《十六观经》，而观止矣。”（《读书十六观·序》）

撰者收录古人读书掌故、读书心，16 则，其中如苏轼《与王郎书》中谈到的“八面受敌法”，苏舜钦读《汉书》以酒为佐，每至会心处则“满饮一大白”等故事，都是中国读书史上的美谈，撰者藉以倡明先贤读书的乐趣和方法。书名“十六观”，乃佛教用语，又称“十六观门”，这里有给读者指示通往读书乐园的门径的意思。

《读书十六观》问世后，明末屠本畯与吴恺都分别为之续补，屠氏作《演读书十六观》，后为吴应箕收入《读书止观录》。吴氏作《读书十六观补》，后收入《泾川丛书》，《丛书集成初编》据此翻印，故亦颇便检阅。

《读书纪事》

《读书纪事》是清初陈梦雷主持修纂的大型类书《古今图书集成》中的一部分，原称《古今图书集成·理学汇编·学行典·读书部》，现题为编者所加。

陈梦雷（1651–1741 年），字则震，一字省斋，晚号松鹤老人，福建侯官（今福州）人。所编《古今图书集成》1 卷，1 亿 6 千万字，是我国现存一部规模最大、体例完善的类书。《读书纪事》分纪事、杂录、外编三部，所记古人读书事迹，大凡从正史、志书、野史、笔记、稗乘等书中辑录而成，征引书籍93种，内容多为勤奋读书、读书方法等。如辑自欧阳修《归田录》者：

钱思公虽生长宝贵，而少所嗜好。在思洛时，尝语僚属言："平生惟好读书，坐则读经史，卧则读小说，上厕则阅小辞，盖未尝顷刻释卷也。"

再如辑自《明道杂志》者：

司马温公当世大儒，博学无所不通，虽已贵显，而刻苦记览，甚于韦布（泛指贫穷的人）。尝为某言："学者读书，少能自第一卷读至卷末，往往或从中、或从末随意读起，又多不能终篇。"光性最专，犹尝患如此。从来惟见何涉（宋代进士）学士案上惟置一书读之，自首至尾，正错校字以至读终，未终卷誓不他读，此学者所难也。

以上所记诸人，皆是学有所成的大儒，读书尚且勤奋专一，这对后进初学者，不能不说是有意义的典范。

《先正读书诀》

《先正读书诀》由清代学者周永年纂辑。周永年（1730–1791年），字书昌，济南历城人。乾隆进士，并受召撰修《四库全书》。一生喜爱读书、藏书，集书近10万卷，特约好友合资筑"藉书园"以贮书，供人阅览传抄，以广流传。《先正读书诀》采集前人著作46部，分为192条，内容十分丰富。如辑陆陇其《陆清献公集》者，是给家人的一封信，强调读书与做人不可分离：

我虽在京，深以汝读书为念，非欲汝读书取富贵，实欲汝读书明白圣贤道理，免为流俗之人。读书做人不是两件事，将所读之书，句句体贴到自己身上来，便是做人的法，如此方叫得能读书人。

如辑自陆世仪的《思辨录》者：

凡读书须识货，方不错用功夫，如《四书》《五经》《性理》《纲目》，此所当终身诵读者也。水利、农政、天文、兵法诸书，亦要一一寻究，得其要领。其于予史百家、不过观其大意而已，如欲一一记诵，便是玩物丧志。

强调的是读书致用，见解独到。

——原载《读书随记》，东南大学出版社，2002年版，第19-24页。

永恒的巨流：集部典籍

南北奇葩

我们在“经部典籍”中介绍了《诗经》。前人把《诗经》作为经部典籍，事实上，它是我国第一部诗歌总集。这些诗产生的地域是在黄河流域，制作的时间，大约从西周初年到春秋中叶，春秋末叶以后，流行于黄河流域的诗不再有人续作了，而南方长江流域的楚国，文化渐渐地发达起来，在文学上更有不少建树，这就是楚辞的兴起。正如梁朝刘勰在《文心雕龙 · 辨骚》中所说："自从《国风》《小雅》《大雅》以后，不大有人继续写《诗经》那样的诗了。后来涌现出一些奇特的妙文，那就是《离骚》一类的作品了。这是兴起在《诗经》作者之后，活跃在辞赋家之前，大概由于离圣人还不远，而楚国人又大都富有才华的原因吧？"《楚辞》产生在长江流域，与《诗经》在风格上多有不同。有人曾将它们的差异概括为五端：(1)《诗经》所收作品，多属黄河流域(北),《楚辞》属长江流域(南);(2)《诗经》多写人事、写实、含蓄，《楚辞》多神话、想象奔放;(3)《诗经》多短句叠字，以四字为主,《楚辞》多长句，以五字为干，加虚字以咏叹；(4)《诗经》各章多重整齐，反复唱叹,《楚辞》不分章，意或重而语少复。可以说,《诗经》与《楚辞》同为后世韵文之祖，堪称我国远古先民的绝唱。

历代诗文集

《诗经》《楚辞》之后，最有影响的一部诗文集要算是《文选》了。这部诗文兼收的集子是南朝梁昭明太子萧统主持编纂的，收录先秦至梁初130余家的作品700余篇。《文选》在中国文学史上极有地位，形成了“文选学”这样一门专门的学问，《文选》所收的作品对后世人们的创作有深远的影响。与《文选》差不多同时问世的诗集《玉台新咏》(编者为梁陈时期的徐陵)，也很有影响，它收录了一些《文选》不收的诗歌，这些诗歌主要是爱情诗或反映爱情、婚姻生活的叙事诗。中国不少古诗名篇正是由于该书选录才保存下来的。有一首脍炙人口的诗:“孔雀东南飞，五里一徘徊……”即最早见于《玉台新咏》。

宋代，郭茂倩编纂《乐府诗集》，把上古至唐五代各时期的乐府诗都收集在一起，成为这一时期最为完备的乐府诗总集。有一首常为人们传诵的诗，叙述的是女英雄木兰代父从军的故事。这首《木兰诗》有赖《乐府诗集》的收录才得以流传至今的。近人丁福保在前人所编诗集的基础上，把汉至隋的全部诗歌收集在一起，编成《全汉三国晋南北朝诗》54卷，收录诗歌近万首。后来，逯钦立在此基础上，编成《先秦汉魏晋南北朝诗》135卷，成为唐以前诗歌谣谚的总集，以与《全唐诗》相衔接。

唐代是诗歌发展的黄金时代，诗人辈出，诗作众多。清康熙年间编成的《全唐诗》是收集唐诗最完备的集子。全书 900 卷，收录诗人 2200 余人的 48900 多首诗。后人对《全唐诗》补辑又得 2000 余首。《全唐诗》问世后，断代诗总集不断有人编纂，如清李调元的《全五代诗》、北京大学古文献研究所编的《全宋诗》、台湾黄永武主持的《全宋诗》，以及正在进行的《全明诗》《全唐五代诗》等。

清朝严可均以一人之力，用了 27 年时间，把唐以前的文章汇为一集，成《全上古三代秦汉三国六朝文》，全书 746 卷，收录文章多至 3497 家。这些文章包括了隋以前历代骈文和散文，但经、史、于三部之书不收，经部只收经传中所载的誓诰箴铭及佚经经文；史部只收史序、史评和佚史的论赞；子部只收已佚的子书逸文。

在《全上古三代秦汉三国六朝文》编成之前，清政府曾组织人力编纂《全唐文》。《全唐文》编成共 1000 卷，共收录唐五代文章 18400 余篇，作者 3000 余人。后来陆心源又编成《唐文拾遗》72 卷、《续拾》16 卷，以补《全唐文》之阙。近年来，唐以后历代文章总集亦在编纂之中。四川大学古籍整理研究所编纂《全宋文》，全书汇集宋代文章约 10 万余篇。陈述曾编辑出版《全辽文》，收辽代诗文 800 余篇。后来陈述又在清张金吾所编《金文最》的基础上，编成《全金代文》，惜未出版。近年，四川大学古籍整理研究所编纂《全金文献》，分正编和副编两部分，正编包括金人全部著述，包括经史子集专书及集外佚篇，副编包括清代学者及以前的研究金史的著作及史料笔记等。

历代词曲集与小说集

诗文集之外，词曲集的编纂也很受人们的重视。张璋、黄畬编的《全唐五代词》8 卷，收录唐五代词家 170 余家，词 2500 余首。词以作者时代先后排列，每首词后间列笺评，颇便读者。著名学者唐圭璋曾于 1940 年出版过《全宋词》，又经重新整理，并由王仲闻补订加工，于 1965 年由中华书局出版。全书收宋代词人 1330 余家，词作 2 万余首。嗣后，孔凡礼又对《全宋词》进行辑补，成《全宋词补辑》，收录词家 140 余人，词作 430 余首。各词以时代先后顺序排列，并多附作者小传。继《全宋词》之后，唐圭璋又依《全宋词》体例编了《全金元词》，该书收录了金元两代 282 位词人，词作 7293 首。《全金元词》之后，《全明词》《全清词》等，也都在编辑出版中。

散曲方面有隋树森编的《全元散曲》，凌景埏、谢伯阳编的《全清散曲》和谢伯阳编的《全明散曲》等。

古代戏曲方面，有《古本戏曲丛刊》，从 1954 年开始陆续出版，已出 6 集。第 1 集收 100 多种元明杂剧、戏文、传奇；第 2 集收 100 余种明人传奇；第 3 集收 100 余种明清传奇；第 4 集收 9 种元明杂剧总集；第 5 集收 85 种明清传奇，第 9 集收 10 部清朝内廷大戏。

古典小说方面，台湾河洛图书出版公司从 1980 年开始出版《白话中国古典小说大系》，收历代通俗小说 100 种。台湾天一出版社出版《明清善本小说丛刊初编》，影印明清小说善本。大陆多家出版社也相继出版了一些小说选刊，如《明末清初小说选刊》《古本小说丛刊》《中国神怪小说大系》《中国话本大系》《古本小说集成》等。

类书与笔记

类书是兼收四部诸书，分类抄撮而成的大型文献，对历史研究有重要的参考价值。我国早期的类书有三国魏时由刘劭、王象等人撰的《皇览》，隋朝虞世南撰的《北堂书钞》，唐欧阳询等编纂的《艺文类聚》，张说等编纂的《初学记》等。到了宋代，随着雕版印刷术的推行，文化的繁荣，类书得到了较快的发展。图书文献增多，人们需要分门别类地进行专题阅读和研究，这是类书发展的另一个重要原因。宋代编纂的类书，比较重要的有李肪等撰《太平御览》1000 卷和《太平广记》500 卷。宋真宗时王钦若、杨亿等修撰《册府元龟》1000 卷，李昉等撰《文苑英华》1000 卷，称为宋代四大类书。明清两代，类书繁多，份量庞大，最主要的有明代解缙等人编纂的《永乐大典》，22937 卷，分装 11095 册，字数达 37000 万。清代陈梦雷等撰《古今图书集成》1 万卷。这两部巨著，可以说是我国古代文化的结晶。

据历代艺文志和经籍志著录，我国类书约 600 种，现存有 200 种左右。这些类书，为我们保存了大量的古代文献资料，是历史研究不可缺少的工具书。由于时代久远，许多单本文献失传了，而这些书却有可能在类书中全部或部分地保存下来。宋代的《太平御览》引书达 2579 种，被引之书今存者十之二三。《永乐大典》采集古今图书七八千种，更引人注意的是，书中所引各项材料，明代以前的秘册原书多整部、整篇、整段抄录，一字不改。《永乐大典》采辑古籍，上自先秦，下迄明初，数量繁多。清编修《四库全书》时，就从《永乐大典》中辑出佚书300多种。《古今图书集成》是现存的一部规模最大、用处最广、例体也最完备的类书。该书完整地保存了许多古代文献资料，所引资料，注明出处，便于检索。有些类书对补充现存史书的缺漏、古籍校勘和订正讹误是十分有用的，如《册府元龟》几乎概括了全部十七史的内容，其中所记五代史实更为详细。它所依据的史书，都是宋代以前的古本，所采事迹亦不以十七史为限，而是兼取唐、五代各朝实录，并保存了大量的诏令、奏议等，史料价值就更大了。

笔记可分为历史性笔记和文学性笔记二种。历史性笔记也可称为野史笔记。

野史笔记是在野的文人学士以及贫士寒儒所写的历史纪闻。我国的野史笔记数量很大，内容十分丰富，可以补官修正史的不足。有关统治者忌讳的事件和人物，野史笔记的记载就更为可信。明清时代的野史笔记比之各代都更为丰富，著名学者谢国桢先生在这方面素有研究，他曾撰有《明清野史笔记概述》一文，将明清野史笔记中所记述的主要内容概括为十个方面:（一）记述农业生产的，如明徐光启的《农政全书》等;记述新农种出现的，如明姚旅的《露书》、清周亮工的《闽小纪》等,（二）记手工业、商业的，有明宋应星的《天工开物》、清钱泳的《履园丛话》等；（三）记明清政治制度、朝章典故、社会经济和社会风俗的，有明王世贞的《弇州山人别集》、清法式善的《陶庐杂录》等；（四）记载农民起义的，有明谢蕡的《后鉴录》、清代的《江浙叛案录》等；（五）记载少数民族事迹和起义的，有明杨慎的《滇载记》、清毛奇龄的《蛮司合志》等；（六）记载历史地理和自然地理的，有明王士性的《广志绎》、徐宏祖的《徐霞客游记》、清顾炎武的《天下郡国利病书》、顾祖禹的《读史方舆纪要》、魏源的《海国图志》等；（七）记载对外关系和海外贸易的，有明叶权的《贤博编》、清王韬的《中英通商纪略》等；（八）记明清历史文献和人物传记的，有明王世贞的《弇州山人四部稿》、何乔远的《名山藏》、清钱仪吉、缪荃孙的《正续碑传集》等；（九）记科学技术、工艺美术的，有明王微的《奇器图说》、清李斗的《扬州画舫录》等；（十）记明清文史哲学人传记的，有清钱谦益的《列朝诗集小传》等。

文学性笔记也有称为笔记小说的，我国古代这类作品极为丰富，但多为单本流传。民国期间的进步书局和文明书局（实为一家）在笔记小说方面的出版有一定的贡献。由王均卿编辑的《说库》收笔记170种，从汉东方朔《海内十洲记》到清黄人《大狱记》，每种都由编者撰写提要，书的内容一目了然。后又出版《清代笔记丛刊》，合160册，多为《说库》中未收。与《说库》相配套，进步书局又辑印了《笔记小说大观》，收录晋唐宋金元明清的各种笔记小说达220余种，各代的名作和代表作大多都收进去了。每本笔记之前也都有提要。1983年扬州古籍刻印社将《笔记小说大观》重印，并对各种笔记进行了校勘补缺纠谬，质量上比以前大有改进。

延伸阅读

旧诗新解话读书

2000年初，李常庆先生编辑《北京大学教授推荐我最喜爱的书》，约我撰写《我所喜爱的十本书》一文。在我推荐的十本书中，有两本诗集：一本是《诗经》，另一本是德国诗人海涅（1797-1856年）著，钱春绮译，上海新文艺出版社1957年出版的《诗歌集》。

我很喜欢这两本诗集。在上初中的时候，读杨沫《青春之歌》，是我首次接触到海涅的诗。现在还依稀记得：小说中，林道静与余永泽在海滨，余永泽引用海涅诗《告白》，向林道静表达情感。我猜想，杨沫一定很喜欢这首诗，特意让小说中这一对青年人来到海边，并自然而然地引出这首令人回肠荡气的诗篇来。

暮色昏沉地降临，
海潮疯狂地咆哮，
我坐在海滨，
眺望白波的舞蹈，
我的心胸也像海一样沸腾，
一种沉重的乡愁攫住了我，
我怀想着你，你这美丽的倩影，
你到处漂浮在我的周围，
你到处将我呼唤，

到处，到处，

你出现在风声里，出现在涛声里，

出现在我心头的叹息里。

我用纤细的芦管在沙上写着：

“阿格涅斯，我爱你！”

这是该诗前面的诗句。在“文革”那个特殊时代，对一个中学生来说，《告白》诗给了我很大的震撼。对于一个中国青年人，他或多或少地读过一些中国的古诗词，如唐诗宋词之类。这里面也有不少爱情诗，但像海涅这样直白而流畅地呼喊着“我爱你”，尚未读到过。我想，直白地表达情感不符合我国传统的审美观，而格律诗又限制了当代人情感的流畅表达。虽然，我们很多人都受到传统的影响，但当时的我仍然很喜欢这首《告白》。后来我有机会读到《诗歌集》(《告白》这首诗亦在其中)，爱不释手。

《诗经》对我们来说都不陌生，其中一些诗被选入中学语文课本。记得我当年学习的课本选的是《伐檀》与《硕鼠》几首诗。这几首诗，讲的是压迫与反压迫。其实，《诗经》里有很多美好的爱情诗，但在那个时代，都被选编者忽略了。文革结束后，我有机会读到《诗经》的全本，也看到了那些好诗，如《关雎》《汉广》《蒹葭》《木瓜》《溱洧》《子衿》等等。这里，我想提到《诗经》里的另一首爱情诗《褰裳》:

子惠思我，褰裳涉溱，子不我思，岂无他人，狂童之狂也且

子惠思我，褰裳涉洧，子不我思，岂无他士，狂童之狂也且

这首诗应该写于溱水与洧水的交汇处，即今天的河南新郑。其实，《诗经》里很多爱情诗都写于这两条河边。依据《溱洧》这首诗可以看到，在三千多年前，在春暖花开的三月，溱水与洧水，河冰已融，春水淙淙，青年男女来到溱水与洧水之畔，他们手里拿着兰草，且歌且舞，逗乐

玩笑，谈情说爱，并以芍药作为爱情的定情物。这两条河经历了几千年的沧海桑田，仍然流淌在中原的热土上，它是中华民族爱情的源泉。二三十年前，我就有一种冲动，想去新郑看看这两条爱情河，但一直没有真的行动。因为，我害怕，怕现实的情景毁了我读《诗经》所想象的情景，而这样的事在我们的生活中常常发生。

与《告白》不同，《褰裳》是出自一位女子之手。《子衿》《褰裳》等诗，都是三千多年前的女诗人所作。在那个遥远、几乎有些洪荒的年代，读书识字的人很少，怎么会出现如此优秀的女诗人呢？但她们确实出现了。不仅如此，她们直白流畅地表达着爱情：

如果我在你的心中，那就撩起你的衣裳，涉着溱水走过来。你不爱我，本姑娘也会有人爱。你是一个真正的傻瓜！

自信、坦荡，令人钦佩。我想，直白流畅地表达爱情，同样是我们这个民族的一个传统。

又一个春天已经来了，虽然我不会去海涅的海滩，也不会去溱、洧的河边，但我可以重温《诗经》或《诗歌集》，去感受或再现先民们那美好的婚恋的场景，以及对美好爱情的咏赞。

——原载《光明日报》，2012 年 4 月 21 日 09 版。

推荐书目与传统经典的命运

阅读风气的形成是一个时期政治、学术的综合体现。一方面，我们说阅读是“一种普遍的文化现象”，因而，这一现象随着时代的变迁而变迁；另一方面，阅读又是历史传统的延续与继承，因而，一些结晶着人类智慧的经典名著却不受时代变迁的影响，一直成为人们阅读的对象。可以这样说，一部阅读史，正是在这种变迁与永恒的矛盾中展开的。

推荐书目在中国

不少读书人都认为：图书典籍浩如烟海，在阅读时会遇到图书的选择与鉴别等问题。为了解决这些问题，人们往往通过书目，来了解图书典籍的状况，明晓读书的门径。清代学者王鸣盛就曾说过：“目录明，方可读书；不明，终是乱读”（《十七史商榷》卷七）。书目，特别是那些指导阅读性的推荐书目，在我们购书、藏书和读书时可提供重要帮助。

在我国，推荐书目应传统官学、家塾、书院与科举制度的需要，很早就发展起来了，早在唐代，推荐书目就很受青年士子们的欢迎。现在我们见到的最早推荐书目被后人称为“唐末士子读书目”（敦煌遗书第 2171 号）。

到了元代初年，学者程端礼（1271–1345 年）把朱熹以来在书院、私塾教育中所创造的经验加以总结和发展，写成《程氏家塾读书分年日程》三卷。读书据朱熹读书法，即“居敬持志，循序渐进，熟读精思，虚心涵冰，切已体察，著紧用力”六条，加以发挥，提出了具体的读书计划和读书内容。书中详列应读书目和读书次序，读书内容则重在经、史和理学著作。元朝国子监曾将该书颁布郡县官学，成为学子读书的准绳，及至明清，读书目对书院及读书人也有一定的影响。

明末陆世仪在他的《思辨录》中，曾为青少年开列了一个阅读书目。他说：“书籍之多，千倍于古，学非博不可，然汗牛充栋，将如之何？偶思得一读书法，欲将所读之书，分为三节，自五岁至十五岁为一节，十年诵读；自十五岁至二十五岁为一节，十年讲贯；自二十五至三十五为一节，十年涉猎。使学有渐次，书分缓急，则庶几学者可由此而程功，朝廷亦可因之而试士矣。”

清朝康熙年间，由李颙口授，门人李士瑸手录的《读书次第》，是我国较早的一部指导读书治学的书目。编者强调读书次序，即先通小学，也就是先要明字音字义，故《读书次第》先列小学图书，再依次列决经书、史书、文学书，其中以经书为主。此后，龙启瑞于道光年间撰《经籍举要》，为学子开列经史子集四部典籍要目，以程朱理学为宗旨，推崇考据和桐城古文。光绪初年，张之洞因诸生“应读何书，书以何本为善”相问，根据当时情况，挑选 2200 余种图书，编成《书目答问》一书，以指示诸生治学门径。该书所收典籍注重经过整理、校注精善之本和《四库全书》成书之后新出的学术著作。分经、史、子、集、丛书五部，每部之下又分若干类，每类中的书籍以时代先后次序排列。对于所收各书，皆注明作者、卷数，记载版本则以当时习见为主，类目和重要图书书目的下方有时加写按语，简要说明阅读时的注意事项。此书提倡经世致用之学，问世后很有影响。

以上书目在科举时代都发生过广泛的影响，然而，随着时代的推移，科举的废弃和知识的更新，这些书目的影响和作用愈来愈小。

传统经典阅读的变迁

在20世纪，传统经典是否还具有生命力，是否还能拥有广泛的读者？这一问题在20世纪初就已被提出。随着科举与清王朝的结束，传统典籍与知识分子就越来越疏远了。有些知识分子甚至说要把线装书扔到茅厕里去。应该说，传统典籍所构建的知识体系，在20世纪，已经不能适应时代的需要了。但这不等于说，传统典籍就已失去了生命力。

五四运动前后，新教育制度的确立和白话文的推行，青年学生，特别是中小学生，已不把传统经典作为主要读物了。但由于传统教育的影响，当时一些中小学生仍然阅读大量的传统经典。如1905年出生的姚名达，中学时代曾习读过《左传》《史记》《汉书》《资治通鉴》等书。同年出生的蔡尚思，在中学时代阅读过先秦诸子、韩文、《史记》《庄子》等书。1907年出生的严北溟，在17岁前读过先秦诸子、《十三经注疏》《史记》《汉书》《资治通鉴》《昭明文选》等书。先师张舜徽先生，1911年生，7岁时学习王氏《文字蒙求》、段注《说文解字》

等一系列小学书籍，随后习读《四书》《五经》等。（上述材料参见王余光、徐雁主编《中国读书大辞典》相关辞条，南京大学出版社，1993 年版）周一良先生在《毕竟是书生》中，回忆他在 1930 年上大学前于家塾中习读的都是传统经典：《孝经》《论语》《孟子》《诗经》《礼记》《左传》《古文辞类纂》《史记》《韩非子》《尚书》《周易》《说文解字》等。这些人都有很好的国学根底，这也决定了他们日后的研究路向。这一代学人之后，中国学人，在中小学阶段，就极少有人受过传统经典的系统训练了。

当时，在中小学学校教育之外，学生们常常受到家庭或社会的影响，有较多的机会阅读传统经典。社会上一些知名学者也向中学生推荐传统经典。

1920 年，胡适曾开列一份《中学国学丛书》目录，列举古籍 31 种，从《诗经》《论语》，到《史记》《汉书》，从陶渊明、李白，到欧阳修、马致远，皆入其选。1924 年章太炎在《华国月刊》第二期第二册上发表《中学国文书目》，收录 39 种古籍。他认为“凡习国文，贵在知本达用，发越志趣，空理不足矜，浮文不足尚也。中学诸生，年在成童之上，记诵之力方强，博学笃志，将以此始。若导以恑奇，则终身无就。”章氏推荐的传统经典，大多不适合中学生阅读，如《诗毛传郑笺》《春秋左传杜解》《二程遗书》《颜氏学记》《清服制图》等，另附有“总参考书”，如录有《读史方舆纪要》《乾隆府厅州县志》等。

让中小学生阅读众多传统经典，特别是读那些专深的古书显然是不合时宜的。1949 年以后，中小学生除阅读少量古诗文外，都是通过改编、绘图本或白话本等形式，间接了解传统经典的内容。

推荐经典之争（1）：胡适与梁启超

胡适（1891–1962年），著名学者。早年留学美国，1917年回国任北京大学教授，1946年任北京大学校长，1962年病逝于台湾。著有《中国哲学史大纲》（上卷）、《尝试集》等。

1920年，胡适开列了《中学国故丛书》目录，列举古籍31种，以备中学生阅读。1923年，胡适应《清华周刊》记者之约，开有《一个最低限度的国学书目》，收录图书约190种，后来根据它修订精简成《实在的最低限度的书目》。胡适的书目，有几点值得注意：

（1）不收“小学”方面的书。胡适在书目的序言中认为：音韵训诂之学，只可以作学者的工具，而不是初学的门径。

（2）不收前四史与《资治通鉴》等书。这一点，颇受时人与后人的非议。

（3）收录古典小说，如《红楼梦》《水浒传》等。从国学的角度看，这些书不受学者重视。

梁启超（1873–1929年），近代思想家。年轻时从师康有为，师徒力主变法维新，时称“康梁”。梁启超“戊戌政变”后逃亡日本，晚年讲学于清华学校等，曾任北平图书馆馆长。长于史学，颇多建树。著有《中国近三百年学术史》《清代学术概论》等。

1923年梁启超也应《清华周刊》记者之约，拟就《国学入门书要目及其读法》，约160种。后来他又为“校课既繁、所治专门”的青年学生精简此书目，开列出《最低限度之必读书目》。

《四书》

《书经》（即尚书）

《礼记》／戴圣

《老子》／老子

《易经》

《诗经》

《庄子》／庄子

《韩非子》／韩非

《史记》／司马迁

《后汉书》／（魏晋）范晔

《荀子》／荀子

《战国策》

《左传》／左丘明

《墨子》／墨子

《汉书》／班固

《三国志》／陈寿

《资治通鉴》（或通鉴纪事本末）

《宋元明史纪事本末》

《楚辞》

《李太白全集》／（唐）李白

《韩昌黎集》／（唐）韩愈

《白香山集》／（唐）白居易

《文选》萧统

《杜工部集》／（唐）杜甫

《柳河东集》／柳宗元

当时，梁启超就胡适的书目写过一篇《评胡适之的“一个最低限度的国学书目”》的文章，梁启超说：“我最诧异的，胡君为什么把史部书一概屏绝。一张书目名字叫做《国学最低限度》，里头有什么《三侠五义》《九命奇冤》，却没有《史记》《汉书》《资治通鉴》，岂非笑话。”梁启超认为，史部书是国学中最重要的部分，不应不收。

30年后的1953年，北京图书馆开列了一个《中国古代重要著作选目》，选书20种。这个书目是经过郭沫若、俞平伯、何其芳等人审订过的。既然称为“古代重要著作”，那么如《周易》《论语》等哲学、思想方面的著作一本未选，这是很令人困惑不解的。

推荐经典之争（2）：中与西

1925年，在孙伏园主持的《京报副刊》上，发出“青年必读书十部”的征求启示，当时有70余位学者作家应征。其中鲁迅认为，看中国书让人脱离人生，“我以为要少——或者竟不——看中国书，多看外国书。”这一观点在《京报副刊》上发表后，引起很大争议，并遭到很多人的批评。

推荐书目的推荐者受偏见或意识形态方面的影响是很大的。

1945年，英国作家奚普（Harace Shipp），不加时间地域与主题的限制，只就“最重要的书”，选出十本“震憾世界的书”，这里没有中国人的书。

1985 年，美国《生活》杂志在数以百万计的读者中，开展评选《人类有史以来的二十本最佳书》，这里也没有中国人的书。

美国图书馆学家唐斯（Robert B. Downs）曾写过一本《改变世界的书》，书中选择了从文艺复兴到 20 世纪中叶出版的 16 本自然科学和社会科学书籍，其后他又写了一本《自 1492 年以来塑造现代文明的 111 种杰出名著提要》。这两本书都没有收录中国人的著作。在后一本书的《导言》里，作者虽然承认东方的经典，“其中有许多书同样对西方产生了深远的影响”，但这些书还是被“略去了”。

另一位美国专栏作家费迪曼（Clifton Fadiman）曾出版《一生的读书计划》，向 18 岁到 80 岁的读书人推荐了 100 部名著，这 100 部名著也都是欧美人的著作。作者在该书的《前言》里坦陈：“我所读过的东方典籍，并不能在我心中燃起火焰。这也许是因为世界观的限制所致。我曾试读紫式部（日本《源氏物语》的作者）、《古兰经》《一千零一夜》《圣薄伽梵歌》《奥义书》以及其他十余种东方古典，都不能获得乐趣。因此，老实说，我无法论述这些典籍。”就我们所知，汉籍很早就在东南亚流传并发生广泛影响。17 世纪以来汉籍被译介到欧美逐渐增多，在文学、哲学、思想等多方面都受到人们的重视。然而这些中国典籍仍然被上述推荐者所忽略，这确实是“世界观的限制所致”。也就是说，这些推荐者是深受“欧美中心论”的影响的。

可以说，中国人不能不读本国的书，况且，中国自古以来就有很多优秀的著作，这些著作并不比西方的逊色，我们能从中获得很多社会的经验与生活的乐趣，并能成为我们内在精神不断成长的泉源。

推荐经典之争（3）：人文知识与科学精神

1986年，由C·莫里·迪瓦恩等编、由美国哈佛大学出版社出版的《最有影响的书》。该书原名为《哈佛大学有影响的书籍指南》（The Havard Guide to Influential Books），在书中，世界著名学府——哈佛大学的113名教授现身说法，介绍了对他们的思想、事业和生活产生过重大影响的书。这些教授来自社会科学和自然科学领域的各个专业，在美国及国际上均有一定的声誉。他们的推荐和介绍具有广泛的代表性，对各行各业的读者均有一定的启发和帮助。但有一位教授例外，他没有提供书目。他是哈佛大学物理学的教授，叫谢尔登·格拉肖，是得过诺贝尔奖的，他拒绝开书目。他拒绝的原因是，我喜欢的并不一定是学生喜欢的，我喜欢的你们又看不懂。因为他搞的是高深物理学方面的研究。然后这个教授大发牢骚，他觉得文科的教授喜欢给学生开推荐书目，而且嘲笑理工科的人没文化，就懂得一点技术。这非常不公平。他说：

科学家常常被视为缺乏文化修养的白痴，既不能写，又不愿读。被他们狭窄的专业范围束缚了手脚，话该进入人文主义者蔑视对象的候选人之列。然而，我们中的大多数人都曾博览群书，可以与历史学家、读写批评家及其他任何人不分伯仲。另一方面，人文主义者常常（尽管不是始终）在科学上和数学上一窍不通，并以此为荣。我们的谈话必须转向他们关心的东西，而不是我们关心的东西。我们处于不利地位，因为我们被他们的无知逼到了他们的知识领域里较量才智。（引自 C·莫里·迪瓦恩等编《最有影响的书》，唐润华译，华夏出版社，1990 年版，第 79 页）

这是一个很普遍的现象，人文知识与科学精神在推荐书目中不能得到适当均衡的体现。

推荐经典之争（4）：元典书目与影响书目

“元典”的概念源自冯天瑜先生的《中国元典精神》。元典可指那些最能代表文化精神的经典。“影响书目”，徐雁认为“是人们以图书文献对人类历史生话进退的影响作用程度而有目的地遴选出的图书文献目录”。

1982 年，蔡尚思在他的《中国文化基础书目》(《中国文化史要论》第 7 章，湖南人民出版社，1979 年版）的基础上提出最能代表中国文化的 40 种书，分文学、史学、哲学思想和科学四个方面。该书目刊载于《书林》1982 年第 5 期上。未料引起了一些学者的质疑，如施蛰存、胡道静等，他们先后在《书林》上发表文章，提出自己的看法。这本身就是一个仁者见仁、智者见智的话题，没有一个标准。但这一问题的讨论有助于人们对中国经典的认识。

此后，受国外“影响书目”的影响，由王余光主编的《影响中国历史的三十本书》，1989 年在武汉大学出版社出版。本书介绍了中国历史上对中华民族各方面产生过深远影响的 30 本书（另附 3 本），它侧重于从书籍对历史进程的影响，深入而系统地剖析了它们对读者在思想深处的巨大作用。该书的写成，正值“五四”运动七十周年，而此时也正是文化问题讨论极为激烈之际。正如若谷在评论该书时所说：

中国文化，当它经历了两千多年的风风雨雨，历经辉煌显赫或萧条冷寂的里程后，到本世纪80年代，又迎来了一个新的繁荣活跃期。一时间，中国文化、民族传统成为学术界的中心课题，形成了一股社会思潮性的“文化热”。《影响中国历史的30本书》在某种意义上也可以说是作者参与文化讨论的一份献辞。值得提出的是，当“文化热”的主旋律，随着开放时代西方文化学说的大量引进，而对本土文化表现出责难多于公允评判、唾弃先于深入认识的倾向时，本书的这些年轻作者们，则努力从历史的理性和民族的良知出发，来分析、思考、评述问题，因而在书中表现出了比较成熟、理智和公允的态度。（引自若谷：《书在历史的进程中》，《武汉大学学报》1990年第5期）

1993年，韩国建国大学韩仁熙博士与高丽大学李东哲博士合作将《影响中国历史的30本书》译成韩文，由汉城知永社出版。1994年由台湾洪叶文化有限公司出版了繁体字本。

《影响中国历史的30本书》出版后，仿作或相关书籍颇有层出不穷之势，据统计，1990–2000年间，国内出版关于影响书目的书籍有20多种，这也反映了读书界、出版界对“文献典籍与文明进程”这一论题的热心讨论与关注。

其他名人推荐书目

五四运动以后，传统经典逐步退出了中小学生阅读的领域。对大学生或一般读者来说，传统经典仍然是他们阅读的重要读物，不少学者也很热心向他们开列推荐书目。其中比较有影响的有如下诸家。

1. 朱自清的《经典常谈》

朱自清（1898–1948 年），文学家、学者。1920 年毕业于北京大学哲学系。1925 年到清华大学任教。1931 年留学英国并漫游欧洲大陆。回国后执教于清华大学、西南联大等校。著有散文集《背影》《欧游杂记》，文艺论集《诗言志辨》等。

本书初版于 1942 年，开列了十余部经典，说文解字第一、周易第二、尚书第三、诗经第四、三礼第五、春秋三传第六（国语附）、四书第七、战国策第八、史记汉书第九、诸子第十、辞赋第十一、诗第十二、文第十三。以求能启发读者的兴趣，引他们到经典的大路上去。其中辞赋、诗、文三篇因作品繁多，只叙其源流。

2. 钱穆的推荐书目

钱穆（1895–1990 年），字宾四，江苏无锡人，史学家。1930 年起，先后在北京大学、西南联大等校执教，1949 年在香港创办新亚书院，1967 年迁居台北。著有《先秦诸子系年》《国史大纲》等。

1946 年，钱穆在昆明给文史研究班学生开列了《文史书目举要》。1970 年，钱穆在台北为中国文化学院历史研究所博士班开设“中国史学名著”课程，并出版《中国史学名著》（台北三民书局 1973 年），该书推荐史学名著 26 种。

1978 年，香港中文大学新亚书院设立“钱宾四先生学术文化讲座”，请钱穆作了系列讲座。在讲演中钱穆指出有 7 部书是“中国人所人人必读的书”：

《论语》

《孟子》

《老子》

《庄子》

《六祖坛经》惠能

《近思录》朱熹，吕祖谦辑

《传习录》王守仁

3. 张舜徽的推荐书目

张舜徽（1911–1992 年），著名学者，湖南沅江人，先后在兰州大学、华中师范大学任教，主要著作有《说文解字约注》《中国文献学》等。

1947 年，张舜徽在兰州大学受学生之请，开列《初学求书简目》（见《旧学辑存》，齐鲁书社，1988 年版），认为“读书以识字为先，学文以多读为本。必于二者深造有得，而后可以理解群书”。十年之后，张舜徽在华中师范学院历史系讲授“中国历史要籍介绍及选读”，并出版《中国历史要籍介绍》（湖北人民出版社，1995 年版）一书，文革后，作者对该书进行了修订，更名为《中国古代史籍要籍举要》（湖北人民出版社，1980 年版）。

在上述基础上，1983 年，张舜徽主编《中国史学名著题解》（中国青年出版社出版）。该书分古史、编年、纪传、纪事本末、实录、制度史、学术史、传记、地理方志、杂史、史评史论、史考、金石甲骨考证、历史研究法、笔记、类书丛书、文编、书目、表谱、索引辞典等类，收历代史学名著200余种。

1990年，张舜徽出版《汉书艺文志通释》（湖北教育出版社）。作者在该书的序言中，提到阅读汉代著述的纲要，他说：

余平生诱诲新进及所以自励，恒谓读汉人书，必须精熟数种以为之纲。一曰《太史公记》，二曰《淮南王书》，三曰《汉书艺文志》，四曰王充《论衡》，五曰许慎《说文》。以为不精绎《太史公记》，则无以采史学之源；不详究《淮南王书》，则无以知道论之要；不通《论衡》，则不能广智；不治《说文》，则莫由识字。又必以《汉书艺文志》溯学术之流派，明簿录之体例。精熟此五家之书以立其基，而后可以博涉广营，汇为通学。

结语：让我们接近客观

也许，任何一部推荐书目都不可避免地带有推荐者的主观性和偶然性。然而，对于读者来说，准确、客观地去了解、选择、阅读真正的世界名著，往往是十分必要的。

有鉴于此，王余光等人于20世纪末，收集了80种中外经典推荐书目（中国的推荐书目54种，外国的推荐书目26种），运用了计量的方法，对这80种书目所推荐的书进行统计，以各书被推荐次数的多少为序，列出四份目录：《中国名著排行榜》《外国名著排行榜》《中国推荐者眼中的外国名著》《外国推荐者眼中的外国名著》。这些书目不带有编者的主观性和偶然性。因而，它在推荐名著方面，应该说更加公允、准确与客观。在此基础上，王余光主编《中国读者理想藏书》一书，1999年由光明日报出版社出版。

依据上述排行榜，在中国著作中，排名第一是《诗经》，莎士比亚的作品在外国著作中排名第一。这两种作品都是用韵文写成的，看来韵文更受人们的欢迎。当然，仅仅是韵文还不够，这要看它能否经得起时间的考验，是不是真正优秀的。

就被推荐的中国著作而言，排在前十名的是：

《诗经》

《史记》

《庄子》

《老子》

《论语》

《孟子》

《韩非子》

《楚辞》

《左传》

《荀子》

这十种书都是公元前的著作，最晚成书的《史记》距今也有2000余年了。这或许从一个侧面反映了中国读书人的一种珍古典、重基础的心理。长期以来，中国学人强调辨章学术、考镜源流，以上这些著作，真正是中国学术之源。同时，正如韩国学者韩仁熙、李东哲所说，这些"古典名著，都反映出古代生活与文明，并历代而下，不断被加入新的阐释和理解，其影响一直延伸到今天，而许多求知活动所涉及的领域正是依靠这些阐释和理解建构起来的"（《影响中国历史的三十本书》韩文本译后记，知永社，1993 年版）。这些书之所以被推崇，它们也有别于那些畅销书。时下出版界总乐于追求浅易、有趣与可读性强的读物，并不注重书的深度与可能产生的影响度。相反，这些被推荐的书内容艰深，也谈不上有趣，但其思想、内容或概念被广泛传播，不少人是通过“二渠道”（如介绍性书籍、译本、媒体或课堂）去了解它们而非阅读原书的。因而，这些书在现时代仍具有很强的生命力。

就被推荐的外国著作来看，排在前十名的是：

《莎士比亚作品》

《圣经》

《对话录》柏拉图

《荷马史诗》

《物种起源》达尔文

《战争与和平》托尔斯泰

《哈克贝利·芬历险记》马克·吐温

《红与黑》司汤达

《草叶集》惠特曼

《神曲》但丁

以上十种除《物种起源》外，都可以被看成是文学作品。

阅读，是一项很个性化的活动，尊重读者的个性化选择十分必要。但这并不否定，阅读是一种社会现象，带有倾向性。而推荐书目就体现了这种倾向性。因而，一部客观的推荐书目本来就是不存在的。

延伸阅读

胡适开列的《中学国故丛书》目录

1920 年，胡适开列了《中学国故丛书》目录，列举古籍 31 种，以备中学生阅读。

《诗经》

《战国策》

《论语》

《庄子》

《荀子》

《楚辞》

《淮南子》

《论衡》

《左传》

《老子》

《墨子》

《孟子》

《韩非子》

《元曲选》

《史记》

《汉书》

《明曲选》

杜甫

白居易

陶渊明

李白

韩愈

柳宗元

王安石

陆游

辛弃疾

关汉卿

欧阳修

朱熹

杨万里

马致远

北京大学学生应读选读书目

本目是1998年为北大百年校庆而作。包括推荐应读书目30种，推荐选读书目30种。这个书目由北京大学校内外50多位著名教授推荐，他们是：北京大学邓广铭、丰子义、王太庆、王永兴、王守常、王岳川、王思斌、厉以宁、叶朗、乐黛云、朱伯崑、朱德生、汤一介、孙小礼、阴法鲁、李家浩、杨辛、何九盈、何芳川、张世英、张岱年、陈启伟、林庚、季羡林、金克木、周一良、周民强、周辅成、赵宝煦、赵家祥、赵敦华、侯仁之、费振纲、袁行霈、钱理群、唐有祺、黄楠森、宿白、谢冕、楼宇烈、裘锡圭以及方立天（中国人民大学教授）、丁守和（中国社会科学院研究员）、石峻（中国人民大学教授）、任继愈（北京图书馆馆长）、刘梦溪（中国艺术研究院研究员）、李学勤（中国社会科学院研究员）、李慎之（中国社会科学院研究员）、吴良镛（清华大学教授）、何兹全（北京师范大学教授）、余敦康（中国科学院研究员）、庞朴（中国社会科学院研究员）、黄平（中国社会科学院研究员）、戴逸（中国人民大学教授）。

（1）应读书目：

《周易》

《诗经》

《老子》老子

《论语》

《孙子兵法》孙子

《孟子》孟子

《庄子》庄子

《史记》司马迁

《坛经》惠能

《古文观止》吴楚材，吴调侯

《唐诗三百首》孙洙

《宋词三百首笺注》唐圭璋笺注

《红楼梦》曹雪芹

《中国近三百年学术史》梁启超

《鲁迅选集》鲁迅

《中国哲学简史》冯友兰著，涂又光译

《中国法律与中国社会》瞿同祖

《理想国》柏拉图著，吴献书译

《神曲》（意大利）但丁著，王维克著

《哈姆雷特》（英国）莎士比亚著，曹未风译

《思想录》（法）帕斯卡尔著，何兆武译

《社会契约论》（法）卢梭著；何兆武译

《历史理性批判文集》（德）康德著，何兆武译

《约翰·克利斯朵夫》（法国）罗曼·罗兰著；傅雷译

《科学史》（英）丹皮尔著，李衍译

《共产党宣言》卡尔·马克思，弗里德里希·恩格斯

《资本论》（第一卷）马克思

《路德维希·费尔巴哈和德国古典哲学的终结》恩格斯著，张仲实译

《实译毛泽东选集》人民出版社

《邓小平文选》人民出版社

（2）选读书目：

《礼记》戴圣

《荀子》荀子

《左传》左丘明

《韩非子》韩非

《论衡》（东汉）王充

《三国志》陈寿

《世说新语》刘义庆

《文心雕龙》（南朝齐梁间）刘勰

《李太白集》（唐）李白

《资治通鉴》司马光

《明夷待访录》黄宗羲

《人间词话》王国维

《中国近三百年学术史》梁启超

《中国哲学大纲》张岱年

《国史大纲》钱穆

《圣经》

《国富论》(英国)亚当·斯密

《论法的精神》孟德斯鸠

《复活》(俄国)列夫·托尔斯泰

《物种起源》达尔文

《城堡》(奥地利)卡夫卡

《飞鸟集》(印度)泰戈尔

《新教伦理与资本主义精神》(德)韦伯

《精神分析引论》(德)弗洛伊德

《西方哲学史》(英)罗素

《历史研究》(英)汤因比

《德意志意识形态》(德)马克思

《社会主义从空想到科学》(德)马克思

《哲学笔记》(俄)列宁

蔡尚思：最能代表中国文化的40书

蔡尚思，历史学家。早年曾就读于孔教大学研究科、北京大学国家研究所。毕业后先后在东吴大学、复旦大学等校任教。著有《中国思想研究法》《中国文化史要论》等。1982年，蔡尚思在他的《中国文化基础书目》(《中国文化史要论》第 7 章，湖南人民出版社，1979 年版）的基础上提出最能代表中国文化的 40 种书，分文学、史学、哲学思想和科学四个方面。这个目录曾载于《书林》1982 年第 5 期。

《诗经》

《李太白诗集》(唐）李白

《白香山诗集》(唐）白居易

《宋元戏曲史》王国维

《红楼梦》曹雪芹

《楚辞》

《杜工部诗集》(唐）杜甫

《韩昌黎文集》(唐）韩愈

《水浒传》施耐庵

《鲁迅杂感选集》

《左传》左丘明

《史记》司马迁

《史通》(唐）刘知几

《廿二史札记》赵翼

《徐霞客游记》徐宏祖

《帝王春秋》易白沙

《论语》

《孙子》孙子

《荀子》荀子

《论衡》(东汉）王充

《庄子》庄子

《明夷待访录》黄宗羲

《四存编》(或习斋先生言行录)(清)颜元

《天演论》赫胥黎著，严复译

《孙中山选集》孙中山

《墨子》墨子

《老子》老子

《孟子》孟子

《化书》谭峭

《韩非子》韩非

《金刚经》(鸠摩罗什译)或《六祖坛经》(惠能)

《李氏焚书、续焚书》(明)李贽

《读四书大全说》王夫之

《太平天国文选》

《清代学术概论》梁启超

《五四运动文选》

《梦溪笔谈》沈括

《农书》(南宋)陈旉

《本草纲目》李时珍

《天工开物》宋应星

王余光：影响中国历史的三十本书

《影响中国历史的三十本书》王余光主编，武汉大学出版社，1990年版。

本书介绍了中国历史上对中华民族各方面产生过深远影响的30本书(另附3本)，它侧重于从书籍对历史进程的影响，深入而系统地剖析了它们对读者在思想深处的巨大作用。本书 1993 年由(韩国)韩仁熙、李东哲译为韩文。1994 年台湾洪叶文化有限公司出版了繁体字本。

《尚书》

《周易》

《诗经》

《孙子》孙子

《老子》老子

《庄子》庄子

《春秋》孔子

《左传》左丘明

《论语》

《孟子》孟子

《孝经》

《韩非子》韩非

《礼记》戴圣

《黄帝内经》

《史记》司马迁

《论衡》(东汉)王充

《太平经》

《坛经》惠能

《唐诗三百首》孙洙

《资治通鉴》司马光

《四书集注》朱熹

《明夷待访录》黄宗羲

《红楼梦》曹雪芹

《海国图志》魏源

《新学伪经考》康有为

《盛世危言》郑观应

《天演论》赫胥黎著，严复译

《建国方略》孙中山

《尝试集》胡适

《阿Q正传》鲁迅

《独秀文存》陈独秀

《社会学大纲》李达

《新民主主义论》毛泽东